Ralf-Peter Nungäßer

Dichterlings Glosse

„Wußten Sie schon…?"

NUNI-NEWS

An alle
Nörgler, Meckerer, Jammerer, Miesepeter,
Schlechtredner und Zauderer
auf dieser Welt und im Universum:
Ihr wisst anscheinend noch nicht, dass man
am Ende immer lächelnd einschläft.

Inhalt

Flüchtlinge
Freiheit
Fußball
Glaube
Glauben
Gleicher
Gleichheit
Gleichnisse
Glück
Größe
Gott
Gutes
Hartz4
Hinz und Kunz
Impfzwang
Jahreswechsel
Jesus
Kindermund
Komisches
Lachen
Leben
Lebenszeit
Lehrer
Lernen
Lernfähigkeit
Liebe
Liebesschrei
Liebesverlust
Meckerfritze
Meinung
Meinung & Ahnung
Milliardäre
Nachbarn
Nicht-Wissen

Pädagogik
Papas
Pendler
Politiker
Positives Denken
Pubertät
Probleme
Rauchen
Religion
Scharfes Nachdenken
Schlecht drauf
Schnattern
Schönheit
Sein und Schein
Staatliche Gängelei
Steuersünder
Teuerungsraten
Tierliebe Fleischesser
Unwetter
Unzufriedenheit
Verstehen
Virus
Volleulen
Vorfahren
Vorsätze
Was wäre, wenn
Weihnachten
Weihnachtsmann
Weniger
Windows
Zeit
Zertifizierung
Zwang

PROLOG

Wussten Sie schon,

dass Dichterling beobachtet und beschreibt, was das dahinter liegende Irrwitzige eines Geschehens anbelangt? Wie, das wussten Sie noch nicht? Na, dann will ich Ihnen das mal erklären. Wer weiß schon, was richtig ist und was falsch ist? Wussten Sie schon, dass das Richtige für den einen das Flasche für den Anderen ist? Oder, dass links für den einen rechts für den anderen ist? Oder, dass oben gleich unten sein kann? Das Wahre birgt gleichsam das Unwahre in sich, das Leben den Tod und Lachen gleicht Weinen. Sie können es drehen und wenden wie Sie es wollen, was der eine nicht sehen will, das sieht er nicht und was der andere sieht, dass lässt er sich nicht mehr nehmen. Bei alle dem zeigt sich das Absurde: Nichts wird so heiß gegessen, wie es gekocht wird und manchmal kommt einem die Welt vor wie Regen ohne Tropfen, oder?

Glossige Grüße

Ralf-Peter Nungäßer alias Dichterling

INTERLOG

9to5

Wußten Sie schon…

…dass der Mensch bei 9to5 ziemlich abstumpft? Wie, das wußten Sie noch nicht? Na, dann will ich Ihnen das mal erklären: Stellen Sie sich einmal vor, Sie könnten von 0 bis 24 Uhr leben wie sie wollten! Also, mal abgesehen von der Zeit zwischen 9 und 17 Uhr in der Sie für fremdbestimmte Arbeit tätig sind – zuzüglich eine Stunde Zwangspause und zwei Stunden Fahrtzeit zur und von der Arbeitsstelle. Bleiben noch 13 Stunden für Selbstbestimmung. Pustekuchen. Schlafenszeit von 22 bis 6 Uhr ist naturbedingt auch fremdbestimmt. Bleiben immerhin noch 5 Stunden für das selbst organisierte Leben. Tja, familiäre Verpflichtungen, Notdürfte, Wartezeiten aller Art, Nahrungsaufnahme, Körperpflege und Einkauf kosten summa summarum 3 Stunden Ihrer täglichen Lebenszeit. Die restlichen 120 Minuten verbringen Sie abends vor dem Fernseher. Da bliebe Ihnen am Ende kein Minütchen mehr für Sie selbst. Sehen Sie, jetzt wissen Sie warum der Mensch bei 9to5 ziemlich abstumpft, weil es sich in der Tat lohnt, auf dieser Welt zu sein, um sich voll und ganz entfalten zu können, oder?

Alkohol

Wußten Sie schon…

…dass Alkohol ein hervorragendes Lösungs-mittel ist? Wie, das wußten Sie noch nicht? Na, dann will ich Ihnen das mal erklären: Wer Alkohol als Reinigungsmittel benutzt hat's schwer. Mit Alkohol etwas zu bereinigen ist etwa so als wolle man den Bock zum Gärtner machen. Sicherlich dient das Ethanol als Lö-sungsmittel für Schmutz aller Art wie z.B. Fett. Der Gebrauch von Alkohol bei Fettleber ist hingegen eher kontraproduktiv, weil fetterzeu-gend anstatt fettentfernend. Gut, wer unbe-dingt seine Fettleber entfernt haben möchte, der sollte sich selbstredend mit diesem Lö-sungsmittel eindecken. Das Problem löst sich dann ziemlich schnell von selbst. So wirkt das Lösungsmittel Alkohol auch bei allen anderen Angelegenheiten: Partnerschaftsprobleme, Ehekrisen, berufliche Schwierigkeiten, wohl-geordnete Lebenspläne und sogar finanzielle Wohlstände werden allesamt mit hoher Effizi-enz durch den extremen Gebrauch von Alko-hol mit hochprozentiger Wahrscheinlichkeit aufgelöst. Wer's braucht! Sehen Sie, jetzt wis-sen Sie warum Alkohol ein hervorragendes Lösungsmittel ist, weil es praktisch alles auf-löst woran Ihr Herz hängt, oder?

Arbeitslosigkeit

Wußten Sie schon…

…dass Arbeitslosigkeit glücklich macht? Wie, das wußten Sie noch nicht? Na, dann will ich Ihnen das mal erklären. Aber natürlich! Es ist doch allseits bekannt, dass Arbeitslosigkeit glücklich macht. Ach, Sie waren noch nicht arbeitslos? Sie Unglücklicher. Das macht aber nichts, irgendwann erwischt es jeden einmal – auch Sie! Glauben Sie mir. Und dann werden Sie schon sehen, wie glücklich dieser Zustand macht. Er sorgt nämlich dafür, dass nicht nur Sie, sondern auch Arbeitgeber glücklich sind. Denn sie sind froh darüber, endlich einen sozialversicherungspflichtigen Lohnempfänger weniger in ihrer Bilanzstatistik zu haben. Und er ist glücklich, weil er nun die Mehrarbeit kostengünstig auf die Übriggebliebenen verteilen kann. Fazit: Die Mehrarbeitenden sind von nun an unglücklich. Denn sie müssen ja viel mehr Leisten für das gleiche Geld. Der Arbeitgeber streicht dafür das Gesparte ein. Das macht ihn richtig glücklich. Der Arbeitslose ist von nun an aber auch richtig glücklich, weil er die verteilte Mehrarbeit jetzt nicht mehr verrichten muss. Sehen Sie, jetzt wissen Sie es: Von nun an kann doch niemand mehr so recht daran zweifeln, dass Arbeitslosigkeit glücklich macht, oder?

Arbeitsmarkt

Wußten Sie schon…

…dass der Arbeitsmarkt eine reißende Bestie ist? Wie, das wußten Sie noch nicht? Na, dann will ich Ihnen das mal erklären: Was ein Wochenmarkt ist, wissen Sie. Was ein Jahrmarkt ist, auch. Der eine Markt dient der Versorgung, der andere dem Vergnügen. Der Arbeitsmarkt hingegen dient weder der Versorgung und ist erst recht kein Vergnügen. Wer auf dem Parkett des Arbeitsmarktes wandeln muss, dem werden allerlei ökonomische Wunderdinge alias Arbeitsmarktinstrumente suggeriert und man kommt aus dem Staunen so schnell nicht mehr heraus: Minijobs, Befristungsverträge, Tagelohnstrukturen, Außertariflichkeit, Schwarzarbeit, extreme Mobilität, Niedriglohnsektor, Jobkiller Qualitätsmanagement, SGB-Maßnahmen oder Firmeninsolvenzen als sozialverträgliche Perspektivenentwicklung für hochqualifizierte Fachkräfte sowie Milliardengewinne und Globalisierung mit Stellenabbaugarantie. Wenn der Arbeitsmarkt Sie einmal in seinen Klauen hat, dann müssen Sie sich warm anziehen! Der Arbeitsmarkt lässt Träume zerplatzen, er zerreißt Biografien, er beschränkt Entscheidungsfreiheiten, er zerstört Existenzen und degradiert Menschen zu würdelosen Befehlsempfängern. Er generiert sogar ein paar vermeintliche Glückspilze als Hochglanzvorzeigemodelle seiner pseudoprosperierenden

Wirtschaftsentwicklung, frei nach dem Motto, wer arbeitslos wird, hat doch selbst daran Schuld. Sehen Sie, jetzt wissen Sie warum der Arbeitsmarkt eine reißende Bestie ist, weil er alle arbeitsmoralische Vernunft und Motivation unwiederbringlich verschlingt im gewissenlosen Schlund seiner geldgierigen Akteure mit ihrer unbestechlichen Haltung: „Wenn du nichts kostest kriegst du Arbeit", oder?

Arm dran

Wußten Sie schon…

…dass „Arm dran" besser ist als „Arm ab"? Wie, dass wußten Sie noch nicht? Na, dann will ich Ihnen das mal erklären: Stellen Sie sich einmal vor, sie hätten keinen Arm. Dann wären Sie eigentlich ziemlich arm dran. Aber irgendwie geht das ganz und gar nicht mit rechten Dingen zu: Denn, wenn man den Arm ab hat, dann ist das doch alles andere als Arm dran. Also ist man folglich nicht arm dran, wenn man Arm ab hat. Wobei, es kommt darauf an, vor allen darauf, was ab geht: Ist der Arm dran, dann ist man doch eigentlich in Wirklichkeit ziemlich arm dran, weil man dann an alles ranmuss, insbesondere auf der Arbeit. Da ist es doch wahrlich besser, man hat den Arm ab, damit man eben nicht arm dran ist, weil dann arbeitstechnisch nichts mehr ab geht, und dann setzt man so schnell an nichts mehr etwas dran. Na ja, bei genauerer Betrachtung ist daran ja auch was dran: Denn wenn der, der arm dran ist, den Kopf unter seinem Arm trägt, ist das immer noch besser als wenn man ohne Arm einen langen Hals schiebt, weil man sich dann selbst nicht mehr auf den Arm nehmen kann. Sehen Sie, jetzt wissen Sie weshalb „Arm dran" besser ist als „Arm ab", weil arme Arme immer noch besser dran sind als abbe Arme, oder?

Auf den Hund gekommen

Wußten Sie schon…

…dass man ziemlich schnell auf den Hund kommen kann? Wie, das wußten sie noch nicht? Na, dann will ich Ihnen das mal erklären: Also, entweder kann man ziemlich schnell ohne Hund in prekäre Umstände geraten, oder man besorgt sich einen Hund und gerät mit ihm – mitunter sogar durch ihn – in heikle Situationen, oder aber man lebt im Großen und Ganzen ganz gut ohne hundsmiserable Schicksalsschläge. Das kann man sich im Grunde alles aussuchen. Manchmal kann man sich das aber auch nicht aussuchen. Der Kölner würde jetzt gemäß des Rheinischen Grundgesetzes sagen: „Et kütt wie et kütt“. Nun könnte man bei dieser Gelegenheit sinnigerweise versuchen, mittels empirischer Untersuchungen wissenschaftlich zu erforschen, ob es tatsächlich Menschen mit Hund besser geht als Leuten ohne Hund, oder ob es im Allgemeinen Leuten mit Menschen besser oder schlechter geht als im Speziellen Menschen mit Hund und Leuten ohne Hund. In der Summe dieser Erfahrungen könnte man das Ergebnis entsprechend eines gesunden Menschenverstandes prognostisch vorhersagen im Sinne des Verhältnisses etwa zwischen Hunden untereinander. Sehen Sie, jetzt wissen Sie wie man ziemlich schnell auf den Hund kommen kann, denn wenn Sie keinen

Hund haben sollten, dann ist sowieso alles für
die Katz', oder?

Aufstocker

Wußten Sie schon…

…dass Aufstocker Sozialschmarozer sind? Wie, das wußten Sie noch nicht? Na, dann will ich Ihnen das mal erklären: Schmarozer leben ja bekanntlich auf Kosten ihres Wirtes. Nun sind ja selbständig Tätige in der Regel Leute, die grundsätzlich auf Kosten anderer ihren Reichtum begründen. Mit anderen Worten: Arbeitgeber nutzen Arbeitnehmer aus. Also sind sie im Grunde der Betrachtung als Schmarozer zu bewerten. Wenn sie dann auch noch von sich behaupten es ginge ihnen wirtschaftlich dreckig, dann gehen sie zur ARGE und beantragen SGB II. Nun sind sie endlich das, als was wir solche Leute gerne sehen wollen: Nämlich Sozialschmarozer, weil sie ja ohnehin ihren gut bestellten Reichtum auch noch auf Kosten der Sozialgemeinschaft vermehren, also aufstocken, wollen. Selbstverständlich kommt in diesem Zusammenhzang niemand auf die gloreiche Idee, dass diese Sozialschmarozer – alias SGBII-Aufstocker – womöglich bislang wertvolle wirtschaftliche Leistungen für das Bruttosozialprodukt geleistet haben könnten. Nein, nein, der Prophet taugt im eigenen Land nichts – das ist ja hinlänglich bekannt. Und dass diejenigen, die in allen Medien die in Not Geratenen derart diskreditieren selbst Menschen sind die vom Steuerhaushalt der Republik bezahlt werden, täuscht anscheinend nicht darüber hinweg, dass man als Aufstocker nicht das verbriefte Recht in Anspruch nehmen darf was alle anderen auch in Anspruch nehmen: Kurzarbeitergeld, Kindergeld, Elterngeld, ALG I, SGB II oder Subventionen. Wer hierzulande als Aufstocker gilt, kommt schnell in den Verruf als kriminell und als Betrüger dazustehen. Es lebe die Böllsche „Ehre der Katharina Blum"! Sehen Sie, jetzt wissen Sie, dass Aufstocker Sozialschmarozer sind, denn es kommt lediglich auf die Bezeichnung des Bezuges einer öffentlichen Leistung an, um auf der Gewinner- oder Verliererseite zu stehen, oder?

Autofahren

Wußten Sie schon…

…dass Autofahren eine hervorragende Blut-
drucktherapie ist? Wie, das wußten Sie noch
nicht? Na, dann will ich Ihnen das mal erklären: Wer Auto fährt will meistens eine größere
Strecke relativ rasch von A nach B kommen –
am besten heil. Dabei liegt die Betonung in
der Regel auf Schnell. Denn wer nicht schnell
genug für andere ist, wird unter lautstarkem
Gebrüll gepaart mit bestialischen Handzei-
chen – gelinde ausgedrückt – als „Lahme
Ente" tituliert. Man kann dann als berädertes
Geflügeltier affig gestikulierende Wesen an
sich vorbeirauschen beobachten, die sich vorher erst einmal ganz in berauschter Drogenu-
sermanier minutenlang als Schnüffler am
Auspuff ausgetobt haben, um anschließend
völlig vom Abgasdunst umnachtet in einem
waghalsigen Überholmanöver ihre übertrieben aufgeblähte geistig-emotionale Minder-
wertigkeit zur Schau zu stellen. Spätestens an
dieser Stelle stellt sich der ansonsten beson-
nene Autofahrer die anthropologische Frage,
ob hier eigentlich nur noch Chromanions auf
Rädern innerhalb dieses Planeten umher
wandeln. Sehen Sie, jetzt wissen Sie weshalb
Autofahren eine hervorragende Blutdruckthe-
rapie ist, weil Autofahrer in ihrer Metallrüstung
zum schwarzen Ritter neolithischer Omnipo-
tenzleidenschaft avancieren, oder?

Autoindustrie

Wußten Sie schon…

…dass die Autoindustrie die Sorgenkinder des Landes sind? Wie, das wußten Sie noch nicht? Na, dann will ich Ihnen das mal erklären: Wenn in Deutschland einer ein deutsches Auto kaufen will, dann muss er sich ranhalten. Denn man weiß derzeit nie so recht, ob es die Firma morgen noch geben wird, wie man beinahe an Opel oder Porsche schmerzhaft am eigenen Leibe hat miterleben müssen. Aber, aber! Wer wird denn hier schwarzmalen? Nicht doch, meine Damen und Herren, der Deutschen liebstes Kind geht doch nicht einfach so verloren. Nein, nein. Kein Spielzeug fällt in den Brunnen ohne vorher von der öffentlichen Finanzspritze mit mehreren Hundertmillionen Euro subventioniert worden zu sein. Ob am Boden zerstört oder nicht, ob mit mehr als 1,5-Milliardengewinnen pro renommierte Firma oder nicht, die deutsche Autoindustrie ist bei weitem die Stammkundschaft Nummero Eins des Bundesfinanzministers. Da werden von Mercedes, VW, BMW, Porsche und Kon-sortien trotz horrender Gewinne zusätzlich unnötige Subventionsunsummen für Standorterweiterungen vom Steuerzahler abkassiert, dass sich die Balken biegen während indes der Kunde, der sich ein neues Auto anschaffen will und dieses bereits schon einmal bezahlt hat, sich ob der überteuerten

Preise genau diese subventionierte Marke eben nicht (mehr) leisten kann. Sehen Sie, jetzt wissen Sie warum die Autoindustrie die Sorgenkinder des Landes sind, weil die Mehrheit sich ungefragt sehr darum sorgen muss, einer Minderheit ihren Luxus zu ermöglichen, oder?

Bahnfahrt

Wußten Sie schon…

…dass eine Bahnfahrt lustig ist? Wie, das wußten Sie noch nicht? Na, dann will ich Ihnen das mal erklären: Sind Sie schon einmal in den Genuss gekommen frühmorgens zur Berufsverkehrszeit mit der Bahn zur Arbeit zu fahren? Nein, nicht? Dann sollten Sie das schnellstens nachholen, weil dies nämlich vom Erlebnisinhalt als ein besonders lustiges Ereignis einzustufen ist. Allein das Ambiente eines frühmorgendlichen Bahnsteiges wirkt sehr belustigend, wenn Sie einmal in die Gesichter der noch müden Pendler blicken. Sie werden unwahrscheinlich lustigen Zeitgenossen begegnen die derart mit ihrer Innerlichkeit beschäftigt sind, dass man unweigerlich zu der Annahme gelangt, es handle sich hierbei um die Weltmeisterschaft im stummen Witzeerzählen. Aber das Ganze wird ja noch viel lustiger wenn Sie erst einmal in den Kampf um die heißbegehrten Sitzplätze involviert sind: Hauen, stechen, schubsen und drängeln gehören zu den Standardwaffen einer gesitteten Rangelei. Wenn Sie es dann doch irgendwie überlebt haben sollten und einen Platz ergattern konnten, dann werden Sie zwangsweise beteiligter Zeuge des aktiven Platzhirschverhaltens unter zivilisierten Lebewesen. Auf der Zweiersitzbank geht der Tanz des Einrückens los: Der Sitzende will keinen Jota weichen, der sich Setzende rutscht so lange hin und her bis auch nur der leisteste Millimeter erobert wurde. Bei den Viererbänken spielen die Beine und die Schuhe Stelzenschach um die bequemste Fußposition. Und das Aller-lustigste dabei ist: Das alles geht vonstatten ohne einen einzigen Ton. Sehen Sie, jetzt wissen Sie, weshalb eine Bahnfahrt lustig ist, weil die Menschen sehr aktiv schweigend ins Gespräch vertieft sind, oder?

Banken

Wußten Sie schon…

…dass die Banken zu den Armenhäusern der Nation zählen? Wie, das wußten Sie noch nicht? Na, dann will ich Ihnen das mal erklären: Wenn Banken sich in ihren Geld- und Anlagegeschäften arg verspekulieren, dann sind sie praktisch pleite und müssen im Grunde insolvenzabwendende Leistungen nach SGB beantragen. Sie hängen dann im wahrsten Sinne des Wortes am Tropf des Steuerzahlers, der erst sein Geld durch die Bank verliert, um anschließend für seinen eigenen Verlust irrigerweise auch noch durch seine hart erarbeitete Lohnsteuer und andere Steuerzahlungen wie beispielsweise Mehrwert- oder KFZ-Steuer aufkommen darf. Dies ficht die Banken allerdings überhaupt nicht an – diese halten liebend gerne ihre Hände auf: Und damit die Missmanager ihrem schlechten Ruf und ihren Porsche gleichermaßen behalten können, werden sie mittels dieser Subventionssteuermilliarden auch gleich mal ihr Monatsgehalt als Erschwernis- und Risikozulage zur Verwaltung dieses unwägbaren Problems um wenigstens ein Viertel erhöhen. Der kleine Mann von der Straße geht dabei zumindest nicht leer aus: Denn er darf das aufgebrachte Subventionsgeld per Inflations-, Teuerungsrate, Lohnverzicht und Nullrunde wieder erneut erwirtschaften: Solidarprinzip nennt man das dann, damit alle zufriedengestellt sind;

allerdings eines mit einem one-way-ticket. Sehen Sie, jetzt wissen Sie, warum Banken zu den Armenhäusern der Nation zählen, weil ihre Manager erst die Pleite anvisieren und gleichzeitig dabei ihre Gehälter als Risikoausgleich erhöhen, oder?

Berufsausbildung

Wußten Sie schon…

…dass wir bald keine Berufsausbildung mehr benötigen? Wie, das wußten Sie noch nicht? Na, dann will ich Ihnen das mal erklären: Eigentlich kann ja beruflich bald jeder alles machen – einfach so nach Gusto. Im Grunde ein guter Gedanke – jeder macht was er am besten kann. Wenn dem nur so wäre. Die Berufe suchen händeringend nach Fachkräften, aber bitte bloß keine Ausgebildeten, die sind nämlich zu teuer. Und weil keiner mehr ausgebildete Fachkräfte einstellt, sondern nur unausgebildete Sachkräfte, beginnen sich die Berufe allmählich selbst zu entprofessionalisieren. Wozu brauchen wir da also noch unsere in einem jahrelangen Entwicklungsprozess angeeigneten hochwertigen Berufsausbildungen? Doch wohl nur noch dazu, dass beispielsweise in Kindergärten bald keine Erzieherinnen mehr arbeiten werden, sondern nach dem neuen Kinderförderungsgesetz die Hausangestellten die Kinderbewahrung abwickeln dürfen, in Pflegeberufen keine Krankenschwestern mehr ihren Dienst verrichten, sondern nach dem Pflegegesetz künftig das Reinemachepersonal die Patienten entwürdigen können oder wie exemplarisch in der Politik üblich ein Arzt Wirtschaftsminister werden kann. Sehen Sie, jetzt wissen Sie warum wir bald keine Berufsausbildung mehr benötigen, weil wir uns der fachlichen Weitsicht unserer fachfremden Politiker zum Dank, allmählich wieder in den professionslosen Frühkapitalismus zurück entwickeln, bei dem jeder alles tun musste nur nicht das was er konnte, oder?

Berufstätigkeit

Wußten Sie schon…

…dass Berufstätige Sklaven der Moderne sind? Wie das wussten Sie noch nicht? Na, dann will ich Ihnen das mal erklären: Gehören Sie zur Gattung „Homo Profession Pro" die morgens liebend gerne früher zur Arbeit und abends gar nicht mehr nach Hause gehen will? Oder sind Sie eher der Rubrik „Homo Profession Light" zuzurechnen, die sich förmlich auf die Arbeit quälen und ihren Arbeitsplatz lieber von außen sehen als von innen? Na, dann, willkommen im Club der modernen Sklaverei! Die Sklaverei als Form der Leibeigenschaft soll ja angeblich seit einigen Jahrhunderten abgeschafft worden sein. Also, Sklaverei mit Zuckerbrot und Peitsche und so. Also, die Sklaverei, bei der der Chef Willkür walten lassen konnte und der Sklave ihm noch für sein eignes Leben dankbar sein durfte. Kommt Ihnen das nicht irgendwie bekannt vor? Der eine Berufstätige geht gerne in den Knast der Lohn-abhängigkeit und den anderen treibt es geradezu in den Wahnsinn wenn er auch nur daran denken muss. Und ständig bekommen berufstätige Sklaven von allen Seiten das schlechte Gewissen eingeredet, auch noch dankbar um ihren Arbeitsplatz sein zu müssen. Am besten wäre es noch, wenn man Geld zum Erhalt seines eigenen Arbeitsplatzes mitbringen würde, so wie all die armen Tropfe, die auf ihren Lohn verzichten, damit sie ihren Arbeitsplatz erhalten dürfen und der Chef weiter seinen Porsche fahren kann. Das erinnert dann doch irgendwie an Sklaverei, bei der der Sklave auch sein eigenes klägliches Dasein zum Erhalt seiner Lebenslegitimation einbringen musste. So, jetzt wissen Sie weshalb Berufstätige Sklaven der Moderne sind, weil sie sich mit jedem Tag ihre Gefangenschaft erarbeiten müssen, oder?

Berufung

Wußten Sie schon…

…dass Beruf und Berufung nichts miteinander zu tun haben? Wie, das wußten Sie noch nicht? Na, dann will ich Ihnen das mal erklären: Gehören Sie zu den Menschen, die für Ihre Arbeit berufen sind? Oder sind Sie jemand, der oder die sich berufen fühlt, Ihre Arbeit zu verrichten? Wenn Sie ein Berufener sind, dann hat man von außen in Ihnen erfolgreich die Illusion geweckt, eine wichtige Person in Ihrer Branche zu sein. Ihre Arbeit erfolgt zwar in der Regel ungewollt und gekonnt aber fremdbestimmt. Fühlen Sie sich für Ihre Arbeit berufen, dann haben Sie in sich selbst erfolgreich die Illusion geweckt, eine wichtige Person innerhalb Ihres Berufsfeldes zu sein. Auch hier erfolgt die Arbeit ausschließlich fremdbestimmt aber in der Regel gewollt und ungekonnt. Und das Verrückte an der Angelegenheit ist das Paradoxon, das der Berufene das Gefühl hat ein Berufener zu sein und derjenige, der sich berufen fühlt der Ansicht ist ein Berufener zu sein. Sehen Sie, jetzt wissen Sie warum Beruf und Berufung nichts miteinander zu tun haben, weil es auf der einen Seite dem Beruf völlig egal ist wer die Tätigkeit ausführt und es auf der anderen Seite der ausgeschriebenen oder vermeintlichen Berufung nicht primär darauf ankommt in einem Beruf zur Entfaltung zu kommen, oder?

Besserwisser

Wußten Sie schon…

…dass es immer jemanden gibt der immer alles besser weiß? Wie, das wußten Sie noch nicht? Na, dann will ich Ihnen das mal erklären: Der Besserwisser ist der Klugscheißer vom Dienst. Stets fühlt er sich berufen die Welt mit seiner Weisheit zu besudeln. Aber nicht nur das: er kann auch alles viel besser als alle anderen. Sind Sie so jemandem schon einmal begegnet? Wenn Sie dieser Spezies von Neunmalklugheit über den Weg laufen sollten, dann können Sie womöglich gerade Jesus für sich entdeckt haben, mit Sicherheit hat dann der Besserwisser längst schon ein Date mit Gott gehabt. Oder sie haben gerade mit Ihren Kindern ein Baumhaus gebaut, der geistige Intelligenzbolzen wird Ihnen ganz bestimmt einen vierstündigen Vortrag darüber halten wie er mit dem Nachkömmling vom besten Freund der Schwester des Bekannten aus dem Nachbarort einen Abenteuerausflug nach Cape Canaveral zum Titanbeschichtungsevent der Frontscheiben der Columbia-Raumfähre plant. Und letztlich hören Sie im Fernsehen nur noch die dümmlichen Rechtfertigungsplattitüden unserer Politiker für Ihr Versagen, mit dem Sie uns permanent vollspamen wollen, wie sehr sie doch alles wesentlich besser im Griff haben als wir Untertanen es jemals könnten. Ein Hoch auf die Unvollkommenen dieser Welt! Sehen Sie, jetzt wissen Sie warum es immer jemanden gibt der immer alles besser weiß, weil die selbsternannte geistige Elite ohne uns sonst gar nicht wüsste wohin mit Ihrer neurotischen Eitelkeit, oder?

Besserwisserei

Wußten Sie schon…

…dass Besserwisserei nicht vor Dummheit schützt? Wie, das wußten Sie noch nicht? Na, dann will ich Ihnen das mal erklären: Menschen die etwas wissen, müssen nicht gleichsam auch etwas können. Menschen die jedoch nicht viel wissen, können in der Regel auch nicht viel. Es gibt aber auch Menschen die viel können, aber nicht wissen was sie tun. Der Idealfall wäre, über genügend Wissen zu Verfügen, um das zu können über das man Bescheid weiß. Aber bei all den Kombinationsmöglichkeiten gibt es auch noch diejenigen Leute, die von Allem nur eine Andeutung von Ahnung haben sowie dabei auch noch über ein sehr eingeschränktes Können verfügen und obendrein irrigerweise der felsenfesten Überzeugung sind, über alles ganz genau Bescheid zu wissen. Oh je! Von diesen unverbesserlichen Besserwisseren gibt es ebensoviel wie von den besser-wissenden Unverbesserlichen. Diese philosophische Gattung des vermeintlichen Homo Faber ist qua Kognition weder lernfähig noch praktisch bildbar und wandelt somit ungeschützt der Dummheit hinterher. Dabei wäre es doch für alle Beteiligen zufriedenstellender wenn es sowohl unwissende Verbesserliche gebe genauso wie verbesserliche Unwissende. Dann wäre die Menschheit bedauerlicherweise eine ganz besonders vergnügsame Last los: Nämlich das Possenspiel lächerlicher Aufspielerei. Das wäre doch irgendwie sinnvoll und schade zugleich. Sehen Sie, jetzt wissen Sie warum Besserwisserei nicht vor Dummheit schützt, weil nichts auf diesem Planeten unnütz ist solange es noch exemplarisch als lehrreiche Unterhaltung dient, oder?

Beziehung

Wußten Sie schon...

...dass Beziehung mit Herrschaft verwechselbar ist? Wie, das wußten Sie noch nicht? Na, dann will ich Ihnen das mal erklären: Einer der Hauptgründe für das Scheitern von Partnerschaften scheint ja der unbewusst gelebte Definitionsfehlschluss, dass Beziehung gerne mal mit Herrschaft verwechselt wird, der in Folge dessen bestehenden Beziehungsstrukturen gnadenlos das Entwicklungspotenzial entzieht, wogegen sich der unterdrückte Partner irgendwann zur Wehr setzt und gegebenenfalls die dysfunktionale Dyade verlässt. Klug dahergeredet, was? Aber so ist es. Alle wollen am liebsten über den anderen herrschen. Und da beide übereinander Herrschen wollen, bilden sie dann ein unglückliches Herrscherpaar mit verlorenem Liebesglanz in den Augen und mit hochgerüsteten Waffen auf der Lauer nach den Fehlern des anderen, um dann in blinder Lieblosigkeit zuzuschlagen. Ziemlich traurig, so ein Herzenskampf ohne Sieger. Sehen Sie, jetzt wissen Sie weshalb Beziehung mit Herrschaft verwechselbar ist, weil das Gegenteil von Liebe noch immer Lieblosigkeit ist, oder?

Bier

Wußten Sie schon…

…dass Bier ein Wellnessgetränk ist? Wie? Das wußten Sie noch nicht? Na, dann will ich Ihnen das mal erklären: Landläufig von Norden nach Süden und von Westen nach Osten ist bei allen hartgesottenen Bierfreunden bekannt, dass Bier kein Alkohol ist, sondern Hopfenblütentee und daher selbst bei hohem Konsum in jedem Falle als gesundheitsfördernd zu betrachten sei. Wer allerdings davon einen Kater bekomme – was man sich in Kreisen der Brauereien beim besten Willen nicht vorstellen könne – der sei eben kein ganzer Kerl und sollte vielleicht eher auf Wein umsteigen, der sei wenigstens gepanscht. Gemäß des Deutschen Reinheitsgebots befinden sich ausschließlich gesunde Zutaten im Gebräu: Hopfen, Malz, Hefe und Wasser. Was soll daran also ungesund sein, fragt man sich da zurecht? Also ist Bier durchaus als Wellnessgetränk zu bezeichnen, welches man mit gutem Gewissen auch unseren minderjährigen Mitbürgern und Mitbürgerinnen ab 16 Jahren zum Genuss anbieten kann. Schließlich ist Bier ja gesund. Und vielleicht macht es ja dann auch Sinn, den Sprösslingen Bier nach dem Sportunterricht anzubieten. Das Jugendschutzgesetz hätte jedenfalls nichts dagegen einzuwenden, es wäre ja in diesem Falle sogar ein Erwachsener als Aufsichtsperson zugegen. Und wer weiß, welche Auswirkungen das Deutsche Reinheitsgebot letztendlich auf die Ergebnisse der Pisa-Studien im Lande hätte? Branchenübergreifende Kooperation nennt man das. Sehen Sie, jetzt wissen Sie es: Bier ist ein Wellnessgetränk und könnte demnach sogar eine fördernde Wirkung auf die kognitive Entwicklung unserer Jugendlichen nehmen, oder?

Bildung

Wußten Sie schon…

…dass Bildung zu Vergesslichkeit führt? Wie? Das wußten Sie noch nicht? Na, dann will ich Ihnen das mal erklären: Es ist ja seit den siebziger Jahren des letzten Jahrhunderts hinlänglich bekannt, dass Lebenslanges Lernen zu einem wichtigen beruflichen Bildungs-Update führt. Je mehr Updates man also downloadet und installiert, desto größer scheint die Wahrscheilichkeit des beruflichen Aufstiegs. Doch neuste Erkenntnisse aus der Hirnforschung bestätigen nun das Gegenteil: Bildung fördert das Vergessen! Das ist wie bei Windows-Systemen: Je mehr Updates Sie fahren, desto lahmer wird Ihr PC und steht am Ende einfach nur selbstmordgefährdet da. Und so ist das beim Menschen auch. Die neuen Informationen aus der Fachwelt überschreiben munter die Alten und nach einer Weile wird man überraschenderweise mit 58 Jahren in den Vorruhestand geschickt. Das ist seltsam, aber logisch: Im Laufe Ihres jahrelangen Bildungsupdates hat sich eine derartig riesige Informationsdatenbank aufgebläht, die niemand mehr bereit ist zu finanzieren, zumal man auf die alten Daten nicht mehr zurückgreifen kann, weil die Updates die Zugänge zu diesen wertvollen Daten überschrieben haben. Das ist zwar tragisch, aber effizient. Sowohl für die

Bildungsinstitute als auch für die Firma: Beide profitieren vom Lebenslangen Lernen. Die Bildungsinstitution durch Ihre Beiträge und die Firma durch Ihre Entlassung. Sehen Sie, jetzt wissen Sie es: Je mehr Sie sich bilden, desto vergesslicher werden Sie. Daher ist es zwingend notwendig, sich über diesen Sachverhalt ein umfassendes Bild gegen das Vergessen zu verschaffen, oder?

Bildungstitel

Wußten Sie schon…

…dass Bildungstitel nur Schall und Rauch sind? Wie, das wußten Sie noch nicht? Na, dann will ich Ihnen das mal erklären: Wer schreibt, der bleibt, heißt ein altes Sprichwort. Zitat? Fehlanzeige. Es ist anscheinend mittlerweile en vogue unter den hirnlosen Gelehrten, dass sie von den genialen Wissenschaftlern abschreiben und dabei am Ende auch noch so tun als sei es die eigene Hirnleistung. Doch wodurch zeichnet sich eigentlich eine eigenständige Hirntätigkeit aus? Ganz einfach: Interesse an der Wahrheit. Und so kommt es, dass erschlichene Bildungstitel a priori kriminelle Energie voraussetzen. Den Gaunern vom politischen Dienst sollte der akademische Titel nicht aberkannt, sondern umbenannt werden in den Grad eines corpus delicti: Dr. krim. Sehen Sie, jetzt wissen Sie warum Bildungstitel nur Schall und Rauch sind, weil so Betrüger wie die Minister Schavan und Guttenberg nur flüchtig als Vorbilder in Erinnerung bleiben werden, so als eine Art Ghostwriter der Geschichte, oder?

Callcenteragent

Wußten Sie schon…

…dass ein Callcenteragent der erste Beruf ist der dafür Bezahlt wird, etwas nicht zu wissen? Wie, das wußten Sie noch nicht? Na, dann will ich Ihnen das mal erklären: Rufen Sie mal eine renommierte Firma wegen einer Anfrage zu einem ihrer Produkte an und Sie werden unter Garantie mit einem Call Center verbunden. Das nette Stimmchen am anderen Ende der Leitung vermittelt Ihnen doch gleich das Gefühl, dass Sie um Jahrzahnte gealtert sind. Wo Sie nun im Grunde aufgrund Ihrer bisherigen guten Erfahrungen mit namhaften Firmen dem Irrglauben anhängen, einen qualitätsmanagmentgeprüften Servicefach-man an der Strippe zu haben, pipst Sie nun eine niedlich durch die Telefonleitung grinsende Callcenteragent an und fragt freundlich: „Mein Name ist Karin Seuselmann. Was kann ich für Sie tun?“ Vor lauter Verwirrung, ob Sie sich nicht doch verwählt haben könnten, stottern Sie nun Ihr Anliegen in den Telefonhörer. Die Lächelstimme nimmt Ihre Sorgen ernst und gibt Ihnen zu verstehen, dass Sie nun mit einem Experten in dieser Angelegnheit verbunden werden. Nach drei Minuten überdimensional lauter Musik in der Wartesschleife meldet sich nun die zweite Callcentagent, um Ihnen mitzuteilen, dass es das Produkt nicht mehr gibt. Nun versuchen Sie einmal einer Callcenteragentin verständlich zu machen, dass es das Produkt schon allein deshalb noch gibt, weil Sie es schließlich erst vor zwei Jahren gekauft haben und es noch immer benutzen. Die Callcenteragentin bleibt in gleichbleibend monotoner Tonlage freundlich und entschuldigt sich vielmals dafür, das es das Produkt nicht mehr gebe und das es ihr ebenfalls sehr Leid tue, dass sie hiergegen nichts unternehmen könne, da Sie lediglich über die Information verfüge, dass es das Produkt nicht mehr gibt. Da stehen Sie nun mitten im Regen mit ihrer grenzenlosen Weisheit. Sie beginnen mit leicht aufgeregter Stimme dagegen zu argumentieren und nach Alternativen zu fragen. Auch hier gibt Ihnen die gefühlsbetont emotionslose Roboterfrau lässig zu verstehen, dass sie nicht wisse, welche Alternativen es für Ihr Anliegen gebe und teilt Ihnen mit, dass Sie es doch bitte noch einmal zu einem späteren Zeitpunkt probieren sollten, da eventuell das Produkt dann wieder erhältlich sein könnte. Das ist der Moment, in dem Sie am liebsten durch das Telefon kriechen möchten, um der Inkompetenz in Persona die Leviten zu lesen. Sehen Sie, jetzt wissen Sie warum ein Callcenteragent der erste Beruf ist der dafür Bezahlt wird, etwas nicht zu wissen, weil die Menschen hinter den Telefonleitungen mehr den Schein wahren sollen, anstatt tatsächliches Fach- und Organisationswissen zu vermitteln, oder?

Christkind

Wußten Sie schon…

…dass die Geschenke vom Christkind kommen? Wie, das wußten sie noch nicht? Na, dann will ich Ihnen das mal erklären: Alle Jahre wieder kommt das Christuskind… kehrt mit seinem Segen ein in jedes Haus. Bis dahin ist ja noch alles klar. Zumindest für die Kinder. Doch wenn wir uns einmal die kulturelle Mär von der Geschenkübergabe durch das Christkind in unseren Hirnwindungen wirken lassen, dann stellen wir ganz schnell fest, dass wir da alle irgendwie einen Gedankenfehler machen: Wie wir bekanntermaßen aus den religiösen Märchenbüchern zur Kenntnis gebracht haben, übergeben die Heiligen Drei Könige dem Christuskind zur Geburtsehre Geschenke. Das tut man ja auch so. Wir Eltern überreichen unseren Kindern aus diesem Anlass folgerichtig ja auch Geschenke. Aber warum kommt dann das Christkind, um Geschenke zu verteilen, wenn doch das Christkind selbst dieser Ehre zu Teil wird? Beißt da der Osterhase etwa dem Weihnachtsmann in seinen Bart? Sehen Sie, jetzt wissen Sie warum die Geschenke vom Christkind kommen, weil wir Menschen aus dem Aberglauben heraus immer alles irgendwie durcheinanderbringen, oder?

Denken

Wußten Sie schon…

…dass Denken gar kein eigenständiger Prozess ist? Wie, das wußten Sie noch nicht? Na, dann will ich Ihnen das mal erklären: Wer heutzutage denken will der braucht gar nicht zu denken, dass das Denken im Sinne eines Perpete Mobile von alleine denkt. Insofern sollte er viel lieber darüber nachdenken, dass das Denken lediglich durch Motivation angetrieben denkend vonstatten gehen kann, um als Denken in der Welt zu wirken. Hieran lässt sich sogleich gedanklich nachvollziehen, dass das Denken ein denkender Arbeitsprozess ist, der weder eigenständig noch von alleine funktioniert. Das Denken muss demnach durch Antrieb gedacht sein, also willentlich denkend erfolgen. Ohne also den Willen zu Denken – so denken es sich zumindest so manche Gedankenlose aus – braucht man sich nicht viel Gedanken um das Denken zu machen. Das Denken wird in diesem Falle von anderen Denkern übernommen. Denn wer denkt der lenkt – wer nicht denkt wird gelenkt. So denkbar einfach ist das. Sehen Sie, jetzt wissen Sie, warum das Denken kein eigenständiger Prozess ist, weil es eben immer andere gedankenlose Menschen gibt die das Denken lieber anderen überlassen wollen, oder?

Doppelmoral

Wußten Sie schon…

…dass Doppelmoral en vogue ist? Wie, das wußten Sie noch nicht? Na, dann will ich Ihnen das mal erklären: Sie kennen sicherlich moralische Zwickmühlen und wissen ganz bestimmt auch Einige davon spontan auf Anhieb zu benennen. Da wären beispielsweise die Überlegungen, dass Sie sich einerseits ein Haustier zum Freund halten und doch leidenschaftlicher Fleischfresser sind, andererseits finden Sie die Luftverpestung von Fabriken äußerst unangenehm und selbst sind Sie Raucher oder fahren Auto, Sie finden ganz bestimmt Fluglärm unerträglich und planen bereits Ihren nächsten Flug in den Urlaub, Sie finden Handystrahlung nervig und wollen doch nicht auf das mobile Telefonieren verzichten, Sie regen sich über die Unfehlbarkeit des Nachbarn auf und selbst haben Sie Dreck am Stecken, Kirchväter predigen Gutmenschentum und vergreifen sich an Kindern, Politiker zeigen aufeinander und wollen selbst nicht angeprangert werden und so weiter und so fort – die Liste ließe sich in dieser Hinsicht unendlich fortführen. Wir sind da in der Mehrzahl nicht ganz schadensfrei und dennoch tun wir allesamt so als seien wir moralisch integer, als seien diese Widersprüche gar nicht existent. Und wenn wir uns dessen doch einmal bewusst sind, dann finden wir getrost 1000 Rechtfertigungen dafür, warum wir uns in

einem moralischen Dilemma befinden aus
dem wir vermeintlich aus freien Stücken nicht
mehr herauskommen können, weil ja schließlich immer die Anderen an der Situation
Schuld sind. Frei nach dem Motto: Alles ist solange gut, solange ich nicht negativ davon be-
troffen bin. Sehen Sie, jetzt wissen Sie warum
Doppelmoral en vogue ist, weil es offensichtlich geil ist sich am Schaden anderer zu ergöt-
zen, oder?

Einkaufen

Wußten Sie schon…

…dass Einkaufen zum Spießrutenlauf werden kann? Wie, das wußten Sie noch nicht? Na, dann will ich Ihnen das mal erklären: Normalerweise bekommen Sie ja alles recht problemlos zu kaufen was Sie im Alltag so benötigen. Aber wehe, Sie brauchen etwas ganz besonders dringend, etwas von hoher Wichtigkeit, jetzt und sofort. Im Regelfall gehen Sie dann zu einem Ihnen bekannten Geschäft, von dem Sie annehmen, dass es dort das begehrte Objekt zu erwerben gibt. Pustekuchen: Das Produkt ist soeben ausverkauft. Sie schauen die Verkäuferin enttäuscht an und lächeln noch freundlich. Ausgerechnet jetzt! Im zweiten Laden ist die Ware aus dem Sortiment genommen. Sie werden unruhig und lächeln schon nicht mehr. Der in kilometerweite dritte Laden führt dieses Sortiment erst gar nicht. Sie beginnen zu schäumen und verlassen verzweifelt das Geschäft. So, wohin nun? Sie rennen von Ort zu Ort, von Laden zu Laden und hätten das Ding gewiss hundertmal mit einer Wartezeit von mehreren Wochen bestellen können. Spätestens in diesem Stadium beginnen Sie aus lauter Frustration lauthals über dieses unsinnige Überflusssystem namens Kapitalismus zu fluchen. Sehen Sie, jetzt wissen Sie warum das Einkaufen zum Spießrutenlauf werden kann, weil das System selten ein Herz für Individualwünsche hat, oder?

Evangelische Kirche

Wußten Sie schon…

…dass die evangelische Kirche katholischer ist als der Papst? Wie, das wußten Sie noch nicht? Na, dann will ich Ihnen das mal erklären: Während der Papst immer wieder mal seine Haltung in aller Öffentlichkeit kundtut, dass die evangelische Kirche keine anerkannte Amtskirche sei, sondern lediglich eine Glaubensgemeinschaft, mit der man kein gemeinsames Abendmahl feiern dürfe, geht die evangelische Kirche sogar noch härter mit Ihresgleichen ins Gericht. Da geht doch tatsächlich ein Frankfurter Pfarrer so weit, dass er andere evangelische Kirchen wie beispielsweise die amerikanische reformierte Kirche als Sekte tituliert. Oder aber sie lässt sich als Tendenzbetrieb von einem säkularen Gericht bestätigen, dass verheiratete Angestellte, die sich scheiden lassen, nicht mehr den amtskirchlichen Moralvorstellungen entsprechen und diesen qua Rechtsprechung außerordentlich gekündigt werden darf. Und wenn Sie sich einmal die antiquerten Gottesdienstordnungen der deutschen Protestanten anschauen, dann stellen Sie hier dieselbe Starrheit ohne spirituelle Sinnhaftigkeit fest wie bei den katholischen Glaubensgenossen. Seltsam, Jesus selbst hat nie von Sekten geredet, verheiratet war er auch nicht und er hat nie die Spaltung des Glaubens gepredigt. Sehen Sie, jetzt wissen Sie warum die evangelische

Kirche katholischer ist als der Papst, weil die Moralvorstellungen von Amtskirchen unchristliche Ausgeburten von herrschaftlich-bürokratischen Betonköpfen sind, oder?

Familie mit Kindern

Wußten Sie schon…

…dass Familien mit Kindern „voll assi" sind? Wie, das wußten Sie noch nicht? Na, dann will ich Ihnen das mal erklären: Wer Kinder hat kennt das Leid: Egal an welchen öffentlichen Plätzen und Orten wie beispielsweise im Bus oder im Supermarkt Sie sich mit ihren Kindern aufhalten, Sie ernten stets böse Blicke, diffamierende Bemerkungen bis hin zu verbalen und tätlichen Handgreiflichkeiten. Einer der Standardsätze den Mütter mit Kindern zu hören bekommen ist die hochbeleidigende Aussage „die sind doch voll assi". Erstaunlich, dass sogenannte „Assis" sachlich gesehen eigentlich Menschen sind, die sich um die sozialen Belange einer Gesellschaft nicht scheren. Als Beispiele der „Assi-Rasse" sind hierbei doch wohl eher Ausbeuter, Kriminelle, Kriegstreiber und Kinder-Feinde zu nennen. Aber eine Familie mit Kindern als „Assis" zu benennen ist etwa so als würde man den Papst als Ungläubigen titulieren. Unter diesen Umständen ist es ja ganz natürlich, Familien mit Kindern als „voll assi" anzusehen, wenn Familien abzüglich Kindergeld und aller anderen Vergünstigungen immer noch als die wirtschaftlich treibendsten Kräfte der Gesellschaft, den ökonomischen Realitäten im Lande zu mehr Wohlstand verhelfen als alle hochdotierten kinderlosen Karrieristen der Welt zusammen. Denn was Familien ausgeben müssen ist unter dem Strich immer noch mehr als das Doppelte von dem was die diffamierenden Kinderfeinde der Wirtschaft zusteuern. Sehen Sie, jetzt wissen Sie, warum Familien mit Kindern „voll assi" sind, weil sie letztlich doch diejenigen sind, die mehr leisten als alle anderen, oder?

Fleischesser

Wußten Sie schon…

…dass Fleischesser Aasfresser sind? Wie, das wußten Sie noch nicht? Na, dann will ich Ihnen das mal erklären: Kennen Sie Aas-Geier oder Hyänen? Beides sind Aasfresser, denn sie töten nicht selbst sondern fressen verendetes oder „durch dritte Hand" getötetes Tier. Menschliche Fleischesser sind in dieser Hinsicht analog zu betrachten, denn sie lassen doch auch in der Regel andere für sich das zu verzehrende Tier töten. Gut, normalerweise ist dies ja auch der normale Vorgang menschlicher Nahrungsherstellung, denn lebendiges Tier zu essen ist im Grunde nicht unseren sittlichen Essvorstellungen zuträglich. Nein, das Tier sollte schon leblos sein und wenn möglich nicht mehr zucken, es sollte zersägt, zerlegt, passiert, gewürzt und appetitlich verpackt sein. Von der Schweinefleischschinkenverpackung lacht uns dann vom Etikett ein süßes Teddybärchen entgegen, so dass wir den Eindruck gewinnen, wir verzehren hier nur glückliche Tierchen, quicklebendig und zuckersüß. Tod? Nein danke! Wer ist schon gerne totes Tier? Ist ja eigentlich ziemlich ekelig. Sehen Sie, jetzt wissen Sie warum Fleischesser Aasfresser sind, weil wir uns allesamt ungerne ins Bewusstsein rufen, dass ein Tier extra für unseren Verzehr gekillt werden muss, oder?

Flüchtlinge

Wußten Sie schon…,

…dass Flüchtlinge ein flüchtiges Dasein fristen? Wie, das wußten Sie noch nicht? Na, dann will ich Ihnen das mal erklären: Solange misanthropische Machthaber der Menschheit blutig am Rad der Geschichte drehen, erzeugen sie zwangsläufig Zentrifugalkräfte auf die Biografien unschuldiger und friedfertiger Untergebener. Die hieraus resultierende Flüchtigkeit der realen Existenz von unterdrückten andersdenkenden Menschen ist der Stoff aus dem zerplatzte Lebensperspektiven entstehen. Die Flucht vor der Flüchtigkeit des Daseins ist der verzweifelte Versuch, die Zentripetalkräfte zu aktivieren, um das zerschundene Leben wieder einigermaßen würdevoll in die Spur zu bekommen. So, jetzt wissen Sie, warum Flüchtlinge ein flüchtiges Dasein fristen, weil sie weder hier, noch dort so richtig heimisch sein dürfen, oder?

Freiheit

Wußten Sie schon…

…dass Freiheit mit Grenzen Unfreiheit ist? Wie, dass wußten Sie noch nicht? Na, dann will ich Ihnen das mal erklären: Stellen Sie sich einmal vor, Sie könnten tun und lassen was Sie wollen! Na gut, eine kleine Einschränkung scheint es auf den ersten Blick dann doch zu geben: Oft will man so viel tun und kann es aber nicht. Man muss also von Vornherein wissen was man will und überprüfen, was man wirklich kann. Denn wenn man tun kann was man will, dann ist es noch lange nicht gewährleistet, dass man das auch kann. Obwohl es ja eigentlich überhaupt keine Rolle spielt, ob man etwas kann oder nicht. Hauptsache, man tut es, weil man es will. Also: Was richtig oder falsch ist, entscheidet ja ohnehin niemand mehr, außer man selbst. Allerdings ist man in diesem Zusammenhang auch nicht ganz unbefangen, wenn man etwas tun könnte, ohne zu wissen, dass man es auch tun kann, getreu des Phänomens: Was man nicht weiß, macht einem nicht heiß. Ja, da ahnen Sie sicherlich schon Grenzwertiges, denn wenn man über nichts Bescheid weiß, dann muss man sich auch an nichts halten. Sehen Sie, jetzt wissen Sie warum Freiheit mit Grenzen Unfreiheit ist, denn wenn die Menschheit nach dem Motto „alle denken an sich, nur ich denk' an mich" handeln würde, dann wären wir alle ziemlich vogelfrei, oder?

Fußball

Wußten Sie schon…

…dass Fußball den Kopf flach hält? Wie, das wußten Sie noch nicht? Na, dann will ich Ihnen das mal erklären: Das müssen Sie einmal beobachten: Sie stehen an einer Bushaltestelle und lauschen dem Gespräch zweier Männer zum Thema EM: Och, sagt der Eine, ich schau mir die Spiele gar nicht an. Ach, hör auf, sagt der Andere, ich schau schon gar nicht mehr hin, denn das, was die da verzapfen, da kann man ja gar nicht hingucken. Genau, meint der Eine wieder, und der Sowieso hat auch wieder so grottenschlecht gespielt. Der taugt doch eh nix, fachsimpelt der Andere, ich hätte' den schon lang aus der Mannschaft genommen. Ach was, die können doch alle nicht Kicken, resümiert daraufhin der Fachmann Nummer 1. Ist ja auch kein Wunder, gibt der Andere seine Expertise zum Besten, die verdienen ja auch alle viel zu viel. Tja, da könnt man doch glatt meinen die bekommen Harz4, so wie die sich aufm Spielfeld ausruhen, denen geht's doch allen viel zu gut, schimpft der Eine. Und, was meinst du, wie geht das Spiel gegen Holland heute Abend aus, fragt der Andere. Ach, am besten wäre es, wenn ich erst gar nicht gucke, die Holländer kicken doch auch so einen krummen Stiefel zusammen, aber ich sag' mal, dass unsre Jungs knapp gewinnen, erklärt der Eine. Aber nur, wenn der Sowieso nicht spielt, denn sonst kann's eng werden, analysiert der Andere. Ach, die sind doch alle so lauffaul geworden, meckert der Eine. Sehen Sie, jetzt wissen Sie weshalb Fußball den Kopf flach hält, weil die meisten selbsternannten Fußballexperten geistige Amateurtrainer auf Platz 18 der Bezirksliga C sind, oder?

Glaube

Wußten Sie schon…

…dass der Glaube nicht nur Berge versetzt? Wie, das wußten Sie noch nicht? Na, dann will ich Ihnen das mal erklären: Was glauben Sie eigentlich wer Sie sind? Die meisten Menschen glauben ja der Nabel der Welt zu sein. Dabei glauben die wenigsten an sich selbst, sondern viel mehr an das Schicksal als Lebensbegründung. In diesem Zusammenhang glauben manche an Gott, Marx oder Machiavelli, doch die Mehrheit glaubt beharrlich daran, dass immer die anderen Schuld an ihrer Misere oder am miesen Lauf der Dinge seien und richten Ihr Leben fein säuberlich nach diesen unabrückbaren Glaubensbekenntnissen aus. Das Individuum glaubt behaarlich nur an das woran es glauben will – und das sogar wider besseren Wissens. Und wenn der Mensch etwas nicht weiß, dann ist es immer noch einfacher an irgendwas Irrsinniges zu glauben anstatt sich sachlich zu informieren. Wir glauben dann doch lieber daran, das das bessere Wissen womöglich zu einer Glaubenskrise führen könnte; darum kann nicht sein, was nicht sein darf! Und das wollen wir ja nicht. Was, das glauben Sie nicht? Dann schauen Sie sich einmal die Herrschaaren von Gläubigen an, die wie verhext dem schnöden Mamom oder in den Einkaufszeilen all den Verlockungen der Werbung blind hinterherrennen. Dabei haben wir noch gar nicht an all die verblendeten Ideologen gedacht, die sogar für ihren Glauben andersgläubige Menschen ohne deren Erlaubnis einfach mal so ins Nirvana befördern. Echt krasser Aberglaube! So, jetzt wissen Sie warum der Glaube nicht einfach nur Berge versetzt, sondern all die Gläubigen dieses Planeten sogar in Verzücken versetzen kann, nämlich das Glauben an: Liebe, Hoffnung und Gutes tun, oder?

Glauben
Wußten Sie schon…

…dass Glauben ohne Wissen wie Wissen ohne Glauben ist? Wie, das wußten Sie noch nicht? Na, dann will ich Ihnen das mal erklären: An welcher Stelle Ihrer Erkenntnis beginnt bei Ihnen eigentlich Wissen? Beziehungsweise anders herum gefragt: Wann beginnt bei Ihnen der Glaube? Oder wann wird bei Ihnen Glauben zur Gewissheit oder Wissen zur Glaubensfrage? Nun, in der Regel halten wir für wahr, was wir sehen und glauben an Dinge, die wir nicht sehen. Dabei dürfen wir ruhig auch daran glauben, was wir sehen und können getrost über Dinge Wissen erlangen, die wir nicht sehen. Selbst das Wissen über den eigenen Glauben ist ein Zustand, der den Glauben zu einer Gewissheit erhebt. Wer allerdings Glauben ohne fundiertes Wissen praktiziert, der ist naiv. Und wer Wissen betreibt, ohne daran zu glauben, ist dumm. Wenn man glaubt, zu wissen, dass wissender Glaube, glaubendes Wissen generiert, dann weiß man zu Glauben. So, jetzt wissen Sie, warum Glauben ohne Wissen wie Wissen ohne Glauben ist, weil wissender Glaube und glaubendes Wissen, ohne zu wissen, dass man glaubt, so ist, als wenn man glaubt, dass man nicht weiß, oder?

Gleicher

Wußten Sie schon…

…dass es Menschen gibt, die gleicher sind als andere? Wie, das wußten Sie noch nicht? Na, dann will ich Ihnen das mal erklären: Alle Menschen sind gleich. Das ist ein Traum, an dem sich bereits viele Denker die Zähne ausgebissen haben. Dabei wissen wir in Zeiten des Konstruktivismus doch längst, dass es nichts Schlimmeres gibt als die Gleichmacherei der Menschen. Und doch wird uns jeden Tag aus allen Richtungen her suggeriert, dass wir schematisch nach Zertifizierungsvorgaben zu arbeiten haben, angepasst an das politisch richtige Verhalten zu sein haben, uns wird vorgegeben was unter Schönheit zu verstehen ist und dass Erfolg zu den höchst zu erstrebenden Gütern gehört. Freiheit ist ein Wort eingepfercht in unsere qualitätsgemanagten und gleichheitsbereinigten Rahmenbedingungen. Nicht mal vor Gericht werden die Menschen gleichbehandelt und selbst Zwillinge sind nicht identisch. Seltsam, nur beim Geld und in den Machtverhältnissen kommt der Gleichheitsgedanke geradezu mächtig zu Wort. Sehen Sie, jetzt wissen Sie warum es Menschen gibt, die gleicher sind als andere, weil die Unterschiede unter den Menschen konstitutionell bedingt sind und manche davon meinen, von Natur aus etwas Besseres zu sein als andere, oder?

Gleichheit

Wußten Sie schon…

…dass manche Menschen gleicher sind als andere? Wie, das wußten Sie noch nicht? Na, dann will ich Ihnen das mal erklären: Egal wo Sie sich befinden und was auch immer Sie gerade tun: es gibt solche und solche Menschen und daher denken Sie sich gewiss oft: leider gibt es mehr Solche als Solche. So ist das mit den Menschen. Dabei ist das doch ganz eindeutig geregelt: Artikel 3, Satz 1 des Deutschen Grundgesetzes in seiner Fassung vom 23.05.1949 und seiner Änderung vom 21.07.2010 behauptet: „Alle Menschen sind vor dem Gesetz gleich". Doch Papier ist bekanntlich geduldig und die Realität gestaltet sich meist außerhalb gesetzlicher Regelungen. Beispiel: Sie sind steinreich und hinterziehen Steuern. Wenn das herauskommt, bleiben Sie straffrei und müssen lediglich bis zu 50% zurückzahlen. Stellen Sie sich gleichzeitig vor, Sie sind Kleinunternehmer und hinterziehen Steuern. Unter Garantie bekommen Sie eine zweijährige Vorstrafe und die Bürde, die Forderung zu 100% zu begleichen. Oder was halten Sie von der irrigen Tatsache, die Einen sich von den Anderen für Ihr Recht bezahlen lassen und die Anderen sich ihr eigenes Recht finanziell nicht leisten können. So entsteht folgendes Gerechtigkeitsgefälle: Wenn Sie gegen eine öffentliche Organisation klagen wollen, dann bezahlen Sie zum einen mit Ihren Steuergeldern bereits den Anwalt des öffentlichen Dienstes und müssen sich gleichzeitig noch ihren eigenen Anwalt leisten. Im Grunde bezahlen wir mit unserem hart verdienten Geld unseren eigenen Henker. Diesen Irrsinn gibt es nur auf diesem Planeten. Sehen Sie, jetzt wissen Sie warum manche Menschen gleicher sind als andere, weil die kleinen Leute die Machthaber dafür bezahlen, sich von ihnen unterdrücken zu lassen; wenn das mal keine Gleichheit ist, oder?

Gleichnisse

Wußten Sie schon...

...dass das mit Gleichnissen ziemlich ungleich ist? Wie, das wußten Sie noch nicht? Na, dann will ich Ihnen das mal erklären: Es ist immer wieder das Gleiche: Die ganze Welt mitsamt ihren Phänomenen besteht aus Ungleichheiten. Kein Ei gleicht dem anderen, Gleiches und Gleiches gesellt sich gerne oder Gleiches wird mit Gleichem vergolten, Ungleichheiten ziehen sich an oder stoßen sich ab, Gleicher unter Gleichen sein oder so ungleich wie Tag und Nacht. Dabei ist es doch eindeutig geregelt im Universum: Wer Gleiches sucht wird Ungleiches oder Gleiches finden, und wer Ungleiches sucht findet das Gleiche oder Ungleiche, doch wer nicht das Gleiche sucht, wird von Gleichem oder Ungleichem gefunden und so verhält es sich ebenso gleich oder ungleich mit dem Ungleichen und Gleichem. Wie auch immer, das kann uns doch sowieso alles ganz gleich sein, denn ganz gleich, ob Sie Ungleichheit oder Gleichheit säen, Sie werden die Gleichung dafür erhalten, denn das Ergebnis wird entweder gleich oder ungleich groß oder klein sein im Vergleich zu dem was Sie gesät haben. Sehen Sie, jetzt wissen Sie warum das mit den Gleichnissen ziemlich ungleich ist, weil es immer Menschen gibt, die wesentlich gleicher oder ungleicher sind als Sie, oder?

Glück

Wußten Sie schon…

…dass das Glück und das Pech eine reziproke Beziehung zueinander führen? Wie, das wußten Sie noch nicht? Na, dann will ich Ihnen das mal erklären: Sie kennen das ja zu genüge, wenn Ihnen über einen gestimmten Zeitraum so recht gar nichts mehr gelingen mag, dann hat man unweigerlich das Gefühl als gestrafter Hund von einer elenden Pechsträhne verfolgt zu sein. Da haben Sie dann wirklich ziemlich Pech gehabt. Das allerdings könnte unter bestimmten Umständen Ihr Glück sein. Denn wenn Sie beispielsweise das Pech haben, dass Ihnen dass Glück abhanden gekommen sein sollte, dann kann dies durchaus dazu führen, dass Sie sich mit dem im Zuge dieses verlorenen Glückes verbundenen Pechs nicht mehr auseinandersetzen müssen. Im Umkehrschluss müssen Sie allerdings auch davon ausgehen, dass Ihr Glück gleichsam auch Ihr Pech sein kann. Denn wenn Sie beispielsweise das Glück haben, dass Ihnen dass Pech abhanden gekommen sein sollte, dann kann dies durchaus dazu führen, dass Sie sich mit dem im Zuge dieses gewonnenen Glücks verbundenen Pechs wieder auseinandersetzen müssen. Sehen Sie, jetzt wissen Sie warum das Glück und das Pech eine reziproke Beziehung zueinander führen, weil das Pech Ihr Glück und das Glück Ihr

Pech sein kann und weil in Folge dessen jedes von beiden ohne das andere nicht auskommen kann, oder?

Größe

Wußten Sie schon...

...dass wir uns immer größer machen als wir tatsächlich sind? Wie, das wußten Sie noch nicht? Na, dann will ich Ihnen das mal erklären: Haben Sie sich schon einmal gefragt, wer Sie sind? Wenn Sie in den Spiegel schauen, dann haben Sie meistens kein gutes Bild von sich. Ihre Corporate Identity weist kaum einen Schimmer Glanz auf. Wehe aber Sie werden von jemanden gefragt, wer Sie sind, dann überschütten Sie Ihr Gegenüber mit Stilblüten Ihres Selbst, dass man am Ende meinen könnte, man habe geradezu vor Gott gestanden. Wenn es um das Corporate Design geht, da wird gelogen, dass sich die Balken biegen. Es heißt: Hunde, die bellen, beißen nicht. Hier müsste es eher heißen: Hunde, die beißen, bellen nicht; frei nach dem Motto: Erst einmal dick auftragen und dann nach und nach abtragen. Psychologen fabulieren hierzu: Wer angibt, leidet an Selbstwertmangel, wer devot ist, zeigt Größe. Theologen zitieren: Wer sich erniedrigt, der wird erhoben, wer sich erhebt, der wird tief fallen. Die einen sagen: Zeig mehr als du bist; Zurückhaltung sei etwas für Schwächlinge. Andere meinen: Zeig nie alles von dir; wahre Größe zeige sich in der Enthaltung. Sehen Sie, jetzt wissen Sie weshalb wir uns immer größer machen als wir tatsächlich sind, weil wir alle eigentlich ganz gerne nach

dem Glamour-Motto leben: Erst schwach anfangen und dann stark nachlassen, oder?

Gott

Wußten Sie schon…

…dass es Gott weder gibt noch nicht nicht gibt? Wie, das wußten Sie noch nicht? Na, dann will ich Ihnen das mal erklären: Das mit Gott ist ja so 'ne Sache: Wir alle wissen irgendwie nicht so recht was mit ihm ist: Gibt es Gott nun? Oder gibt es Gott nun nicht? Die einen sagen ja, die anderen sagen nein. Ob es ihn nun gibt oder nicht, das was die Menschen über ihn annehmen oder glauben wird trotzdem von allen mit unzähligen Namen angesprochen. Also muss es ihn für die Befürworter zwangsläufig geben. Aber auf der anderen Seite meinen jedoch Gegner, dass, wenn es ihn geben sollte, er schließlich das Leid nicht zulassen würde. Also gibt es ihn für die Zweifler nicht. Die einen führen Kriege um die Wahrheit ihres Gottes und andere unterdrücken ganze Völker, nur um Gott als inexistent darzustellen. Wie auch immer: Wenn es ihn geben sollte, dann amüsiert er sich wahrscheinlich köstlich ob unseres unwissenden Theaters um ihn. Und wenn es ihn nicht gibt, na ja, dann wäre unser Dasein im Universum nur eine lächerliche Fußnote. Sehen Sie, jetzt wissen Sie warum es Gott weder gibt noch nicht nicht gibt, weil der Mensch die letzte Wahrheit hinter dem Sein sowieso nie erfahren wird, oder?

Gutes

Wußten Sie schon…

…dass es nichts Gutes gibt, außer man tut
es? Wie, das wußten Sie noch nicht? Na,
dann will ich Ihnen das mal erklären: Wir alle
kennen ja irgendwie den Unterschied zwischen Gut und Bose. Sie doch gewiss auch,
nicht wahr!? Dabei erahnen alle Menschen
ganz intuitiv: Das Gute besteht ja nicht von
selbst so wie das Böse, das uns ja schließlich
wie automatisch von ganz alleine aufsucht,
uns willkürlich umgarnt und an uns hängt wie
eine lästige Klette. Also müssen wir etwas
tun, um das Gute erst zum Leben auferstehen
zu lassen. Wir müssen Tag für Tag, Stunde
um Stunde schöpferisch wirken, damit das
Gute am Leben erhalten bleibt. Das ist so
ähnlich wie das mit dem Feuer bei den Nean-
dertalern: Die hatten über 10000 Jahre lang
das Feuer schüren müssen, damit es nicht
ausging. Irgendwann hatten sie dann doch
herausbekommen, dass man Feuer selbst ge-
steuert anzünden kann, wenn es erloschen
ist. So ist das wohl analog zum Guten auch zu
verstehen. Wer Gutes will, muss Gutes tun!
So einfach ist das. Sehen Sie, jetzt wissen
Sie, dass es nichts Gutes gibt, außer man tut
es, weil das Gute seit der Geburt des Menschen ständig um seine Rechtfertigung ringen
muss, oder?

Hartz4

Wußten Sie schon…

…dass Hartz-4 ein glutenbehafteter Kreisprozess ist? Wie, das wußten Sie noch nicht? Na, dann will ich Ihnen das mal erklären: Sie kennen ja bestimmt die Situation in der Sie Kleber an den Fingern haben und Sie aufgrund ihres Vorhabens die Glutenmasse so schnell wie möglich wieder loswerden wollen. Aber das Pappzeug will einfach nicht abgehen. Da können Sie es drehen und wenden wie Sie wollen – der Kleber ist wie eine Klette. Und so ist das mit Hartz-4 auch. Wenn Sie nämlich Hartz-4-Empfänger sein sollten, dann bekommen Sie dieses lästige Anhängsel einfach nicht mehr los. An Ihnen klebt von nun an ein tragisches Mehrkomponenten-Los aus Hoffnungs-losigkeit, Arbeitslosigkeit, Rettungslosigkeit, Tatenlosigkeit und Zukunftslosigkeit. Dabei bewegt sich das Ganze wie ein Elektron im Kreis um Sie herum und Sie sitzen im Auge des Hurricans fest wie die Maus in der Falle und der Sog zieht alles bisher in Ihrem Leben Erarbeitete hoch ins Reich Nimmermehr. Von hier aus können Sie mit Gewissheit davon ausgehen, dass man von Seiten der Ämter alles dafür tun wird, um Ihnen mit hochbürokratischer Minimalförderung das Stigma des Underdog anzuheften. Im Grunde benötigten Sie in diesem Moment ein professionelles Lösungsmittel, um sich aus dem anhaftenden Armutskreislauf befreien zu können. Das Einzige was nämlich nicht an Ihnen haften bleibt ist das liebe Geld und die gesellschaftliche Teilhabe. Sehen Sie, jetzt wissen Sie, warum Harz-4 ein glutenbehafteter Kreisprozess ist, weil weil sich alles nur noch um das eigene Pech dreht, oder?

Hinz und Kunz

Wußten Sie schon...

...dass Hinz und Kunz so klingt wie Dings und Bums? Wie, das wußten Sie noch nicht? Na, dann will ich Ihnen das mal erklären: Gewohnheitstiere gehören zur sozio-biologischen Gattung der Faul-Lenzer. Sie haben die Eigenart, sich kaum zu regen und zu bewegen. Hat jene Wesensart einmal diese soziometrische Stellung eingenommen, dann setzt sich deren biogenetisches Programm zum Statusausbau starrsinniger Haltungen und Einstellungen unaufhaltsam in Gang. Ob Müller, Meier oder Schmitt, bei diesem Trott macht jeder mit. Das Schauen über den Tellerrand ist aufgrund der schier unüberwindbaren Schräge des Tellers ein fast aussichtsloser Kraftakt geistiger und emotionaler Unzulänglichkeiten. Denn wer lebt, ohne erkennbare Spuren zu hinterlassen, der schwebt im Sumpf der unbekannten Massen nutzlos dahin. Sehen Sie, jetzt wissen Sie warum Hinz und Kunz so klingt wie Dings und Bums, weil wir, so flüchtig wie wir leben, uns tagtäglich im Meer der Namenlosen zu einer austauschbaren Nummer ohne Eigensinn machen, oder?

Impfzwang

Wußten Sie schon…

…das in Deutschland Impfzwang besteht? Wie, das wußten Sie noch nicht? Na, dann will ich Ihnen das mal erklären: Melden Sie einmal Ihr Kind in einem katholischen Kindergarten an und Sie werden Ihr Blaues Wunder erleben. Wenn Sie nun Ihr Kind nicht gegen Tetanus geimpft haben sollten, dann dürfen Sie Zeuge einer bürokratischen Maschinerie werden die Ihre gesamten gesetzlichen Rechtsansprüche auf einen Kindergartenplatz gnadenlos niederwalzt. Dabei gibt es gar kein Gesetz welches eine Impfpflicht vorschreibt, denkt man. Aber wo es kein Gesetz gibt, da handelt man eben nach ungeschriebenen Gesetzen. So die katholische Kirche, die sich das Recht entgegen der gängigen Rechtspraxis herausnimmt, eine Tetanusimpfung zur Pflicht zu erheben, wollen Eltern ihren Kindergartenplatzanspruch geltend machen. Erstaunlich, dass die Kirchen einerseits für ihre Kindergartenbetriebe Steuergelder vom Staat erhalten, der gar keine Impfpflicht vorsieht, während die Kirche aber mittels dieser öffentlichen Subventionierung die säkuläre Liberalität durch eigene Gesetzgebungen aktiv untergraben. Zum zweiten setzten die Kirchen mit dieser gängigen Praxis auch noch die vom Grundgesetz im Paragraphen 6, Satz 2 gesicherte Erziehungsautonomie von Eltern außer Kraft, obwohl es hierfür gar keine Grundlage gibt: „Impfe Dein Kind und Du bekommt einen Kindergartenplatz" ist ein kirchenbürokratisch gesteuerter eklatanter Eingriff in die Entscheidungsautonomie von Erziehungsberechtigten, der in dieser Form nicht sein darf und krichlich verordnet zum sozial-gesellschaftlichen Ausschluss und zur persönlichen Diskiminierung von Eltern und Kindern gleichermaßen führt. Seltsam: Sollten Kirchen nicht integrierend und tollerant wirken? Einerseits predigen die Verantwortlichen von der Kanzel einen christlich geprägten Weg des rechten moralischen Verhaltens, andererseits verhalten sie sich selbst doppelmoralisch. Christus hat gewiss nicht gepredigt, dass nur die geimpften Kinder zu ihm kommen sollen. Sehen Sie, jetzt wissen Sie, dass in Detutschland Impfzwang besteht, weil die Kirchen irrigerweise der Ansicht sind, dass Sie das Recht haben eigene Gesetze außerhalb der staatlichen Gesetzgebung zu erlassen, oder?

Jahreswechsel

Wußten Sie schon…

…dass Jahreswechsel wie Wechseljahre sind? Wie, das wußten Sie noch nicht? Na, dann will ich Ihnen das mal erklären: Ist Ihnen schon einmal aufgefallen, dass Sie stetig älter werden? Ja, klar, ich höre Sie schon sagen: Man ist so alt wie man sich fühlt. Da wären nur noch die Fragen offen, wie alt ein 60-jähriger ist, wenn er sich wie 20 fühlt, oder ein 30-jähriger, der meint, sich bereits uralt zu fühlen? Dabei ist das Altern ja gar nicht das eigentliche Problem beim Fühlen, sondern eher das Fühlen beim Altern. Wer jung ist, der fühlt noch viel, oder er ist der Meinung, nichts mehr zu fühlen und wer alt ist fühlt kaum noch, oder er meint, alles viel intensiver zu fühlen. Dabei ist eines ganz klar: Wenn die Jahre wechseln, dann nennt man das Wechseljahre, denn Jahre wechseln sich eben wie sich Wechsel jähren. Da können sie sich drehen und wenden wie Sie wollen – jeder Wechsel verjährt: Die Erinnerungen, die Gefühle, das Erleben, die Veränderungen und sogar die Verjährungen. Da kann es auch schon mal vorkommen, dass man sogar im Laufe der Jahre Dinge verwechselt wie Aronal und Elmex, Lechts mit Rings (äh - Recht mit Links) vertauscht oder man mal gerne aus roten schwarze Zahlen macht. Sehen Sie, jetzt wissen Sie, warum Jahreswechsel wie Wechseljahre sind, weil, ganz gleich ob der Hahn kräht auf dem Mist oder nicht, das Leben ändert sich oder es bleibt wie es ist, oder?

Jesus

Wußten Sie schon…

…dass, wenn Jesus Christus aufgehängt worden wäre, wir heute Galgen mit baumelndem Männlein in den Kirchen stehen hätten? Wie, das wußten Sie noch nicht? Dann will ich Ihnen das mal erklären: In annähernd jeder renommierten Kirche rund um den Globus, ob evangelisch oder katholisch, hängt Jesus Christus ans Kreuz genagelt zur Schau für die sogenannten Gläubigen. Wir Christen beten also ein Folteropfer an. Wie grauslich. Bei jeder anderen Opferschau von okkulten oder zweifelhaften Glaubensvereinigungen schauen wir angeekelt weg, wenn beispielsweise tierische Opfergaben zelebriert werden. Oder wir zeigen mit unserem ethischen Gewissen ablehnend auf die öffentlichen Hinrichtungen in Amerika oder in den Arabischen Ländern. Wenn die Römer nun anstelle einer Kreuzigung eine Strangulierung am Galgen als Hinrichtungsvorgang angewendet hätten, dann würden wir ganz selbstverständlich und ohne darüber nachzudenken ein Galgenmännchen in Windspielmanier anbeten. Sehen Sie, jetzt wissen Sie warum wir lieber einen ans Kreuz genagelten Jesus anhimmeln, weil wir es ganz und gar nicht mögen wenn ein Toter noch zappelt, oder?

Kindermund

Wußten Sie schon…

…dass Kindermund tut Wahrheit kund? Wie, das wußten Sie noch nicht? Na, dann will ich Ihnen das mal erklären: Jetzt mal Hand aufs Herz: Beneiden Sie nicht manches Mal die Kinder um ihre herzerfrischende Offenheit? Besonders dann, wenn Sie in einem Gespräch mit jemandem, aus so manchem guten Grund, nicht alles erzählen wollen. Es gibt in diesem Moment kaum eine so herrlich erfrischend peinlichere Situation als diese, wenn Ihr Kind alles völlig unbedarft und brühwarm herausplaudert. So geschehen in dem Augenblick als man letztens vom Nachbarn beiläufig gefragt wurde, wie es denn so um die eigene Sportlichkeit bestellt sei. Mit Stolz erhobener Brust hob man an, um, das gute sportliche Selbst- und Fremdbild bewahrend, in Freizügigkeit zu erzählen, wie man vor Tagen schweißtreibend darüber sinniert hatte, sich mit an hundert Prozent grenzender Wahrscheinlichkeit demnächst im Fitnessstudio anmelden wollte, als just in diesem Moment der eigene Lümmel lakonisch einwarf, dass Papas Lieblingssportart das Sofaliegen während der Sportschau sei. Ups, jetzt wissen Sie, warum Kindermund tut Wahrheit kund, denn sie fahren uns gar recht und frech so manches Mal zurechtweisend über den Mund, oder?

Komisches

Wußten Sie schon…

…dass das Komische ziemlich seltsam ist? Wie, das wußten Sie noch nicht? Na, dann will ich Ihnen das mal erklären: Im Grunde seines Herzens ist der Mensch eigentlich seltsam komisch. Einerseits spricht er so und handelt aber andererseits ganz anders. Das finden wir dann komisch und lästern darüber. Dabei sollten wir doch eigentlich lachen, denn dieses Verhalten ist doch im Grunde genommen ziemlich komisch. Oder aber ein Mensch verhält sich anders als all die anderen Menschen. Das finden wir dann allerdings eher seltsam als komisch und lachen darüber. Dabei sollten wir doch an dieser Stelle wohl eher nachdenklich sein, weil dieses Verhalten im Grunde genommen recht ersthaft ist. Seltsam, dass wir Dinge die seltsam sind dann eher komisch und Dinge die komisch sind dann seltsam finden, komisch! Sehen Sie, jetzt wissen Sie weshalb das Komische ziemlich seltsam ist, weil das Seltsame meist ziemlich komisch daherkommt, oder?

Lachen

Wußten Sie schon…

…dass Lachen Krank macht? Wie, das wußten Sie noch nicht? Na, dann will ich Ihnen das mal erklären: Lachen Sie mal. Ja, Sie! Lachen Sie mal! Jetzt! Einfach so. Was? Sie können jetzt nicht einfach so loslachen? Ha, dann können Sie sich zu den priviligierten Menschen zählen die in höchstem Maße gesund leben, weil sie lachressistent sind. Ach, Gott, Sie armer Tropf. Dabei heißt es ja auch nicht umsonst: Lachen erheitert das Gemüt. Mal lachen wir über andere, denn wer den Schaden hat braucht für den Spott nicht zu sorgen. Mal über uns selbst, denn wer über sich selbst lachen kann ist ein Narr. Mal lachen wir über alles und manchmal sogar grundlos. Oder wir lachen uns einfach weg. Oft lachen wir wenn es uns zum Heulen zumute ist und hin und wieder lachen wir beim Weinen. Wir geben uns mit unserem Lachen der Lächerlichkeit Preis. Und alle lachen mit. Ganz herzhaft, genau so wie Lachsäcke. Und Sie können sich beim besten Willen nicht dagegen wehren. Die anderen lachen und lachen und Sie lachen einfach nur mit. Ganz unwillkürlich. Lachkrampf, nennt man das dann. Wenn jedoch jemand etwas Dummes von sich gegeben hat, dann sagen Sie mit Gewissheit: Das ist ja geradezu lachhaft, oder: Da lachen ja die Hühner. Nun aber mal ehrlich: Wer hat denn jemals schon mal lachende Hühner gesehen? Sie? Diese Vorstellung ist doch geradezu 'ne Lachnummer. Und wenn Sie etwas ganz besonders komisch finden, dann rufen Sie aller Wahrscheinlichkeit nach lauthals in die illustre Runde: Ich lach mich tot! Plötzlich herrscht Schweigen und alle erstarren vor Schreck! Das sind die berühmt-berüchtigten Momente in denen einem das Lachen vergeht oder zumindest im Halse stecken bleibt. Oh, je. Sehen Sie, jetzt wissen Sie warum Lachen Krank macht, es ist alles andere als gesund, weil es nämlich ansteckend ist, oder?

Leben

Wußten Sie schon…

…dass das Leben wie ein Los ist? Wie, das wußten Sie noch nicht? Na, dann will ich Ihnen das mal erklären: Auf die Plätze – fertig – los! Sie haben sich doch sicherlich schon mal des Öfteren danach gefragt, was in Ihrem Leben eigentlich so los ist? Gewiss ist bei Ihnen gelegentlich auch mal der Teufel los. Bei Seemännern ist das der Fall, wenn die Leinen los sind. Bei uns Normalsterblichen ist das oft derjenige Zustand, wenn ohne Mos nix los ist, denn unter bestimmten Umständen ist man auch schon mal ziemlich schnell sein Geld los. Und dann ist in der Regel nichts los in der Hos' und man wünscht sich nichts sehnlicher herbei als wäre man endlich einmal seine Kosten los. Das sind dann die Momente in denen einem alles extrem hoffnungslos, gnadenlos oder gar lieblos vorkommt, man fühlt sich hilflos, ist fassungslos und vieles funktioniert nicht mehr reibungslos. In diesem Sinne handeln viele Menschen mut- und kopflos – einigen Menschen erscheint dann sogar der Sinn los. Sehen Sie, jetzt wissen Sie warum das Leben wie ein Los ist, weil die meisten Menschen die Geschicke Ihres Daseins dem Schicksal überlassen und letztlich ihre Macht los sind, oder?

Lebenszeit

Wußten Sie schon…

…dass manche Menschen länger leben als andere? Wie, das wußten Sie noch nicht? Na, dann will ich Ihnen das mal erklären: Wer früher stirbt, ist länger tot. Will heißen, wer lange lebt hat mehr vom Dasein. Dabei ist doch alles ganz anders als erwartet. Der Eine lebt asketisch und gottgefällig und fällt mit 30 um, der andere lebt exzessiv und hedonistisch und wird 100 Jahre alt. Natürlich finden sich auch 100-jährige Asketen oder dreißigjährige Schnapsleichen unter unserer Spezies. Und trotzdem hat man irgendwie den Eindruck als sterben die Guten ständig weg und die Bösen huschen dem Sensenmann ständig von der Schippe. Kinder sterben vor ihren Eltern. Durch Unfall sterben die Falschen. Schier unsterblich sind die Tyrannen. Der Bio-Experte stirbt an Krebs, der Alkoholiker konserviert sich für die Ewigkeit. Der Eine hängt am Leben der andere hängt sich auf. Man sieht im Zuge der Verwirrung: Gottes Schöpfungsplan ist unergründlich. Sehen Sie, jetzt wissen Sie warum manche Menschen länger leben als andere, weil es dem Tod völlig egal ist wen er wann zu sich holt, denn sterben müssen wir alle irgendwann einmal, oder?

Lehrer

Wußten Sie schon…

…dass Lehrer zur äußerst belasteten Berufsgruppe gehören? Wie, das wußten Sie noch nicht? Na, dann will ich Ihnen das mal erklären: Warum wollen Menschen Lehrer werden? Na, doch wohl nur aus den einzig wahren Gründen die da lauten: Am frühen Mittag Feierabend und 13 Wochen Ferien sowie wochenweise Fortbildungen und Klassenfahrten im Jahr und vor allem: Kein Wochenenddienst, keine Steuern, keine Sozialabgaben, bezahlte Krankenkasse sowie unkündbares Beamtentum mit gesicherten Pensionen. Was will man also mehr? Welcher Beruf kann denn schon mit solch lukrativen Attraktivitäten aufwarten? Das sind doch derart günstige Perspektiven, die Lehrer mit ihrer berufsethischen Grundhaltung dazu bewegen, sich permanent kritisch darüber zu rechtfertigen welch überdimensional hohe Verantwortung sie doch für ihre Schüler übernehmen, wie übermächtig viel sie mit den Korrekturen der Klassenarbeiten zu tun haben und mit wie viel unendlichen Vorbereitungszeiten sie für ihren Unterricht zu kämpfen haben, plus Elternabende, pädagogische Tage, Vertretungsstunden kranker Kollegen sowie ellenlange Notenkonferenzen und sonstigen Sitzungen im Schulnetzwerk. Hinzu kommt noch das ganze Konfliktpotential der Schüler, welches diese von ihrem Elternhaus in die Schule mitbrächten. Damit müsse man sich ja auch noch herumschlagen. Vor allem während und außerhalb des Unterrichts. Zum Lehrerberuf kommen da noch zusätzlich sozialpädagogische Tätigkeiten, die ihnen jedoch niemand bezahle. Na bitte! Schöner Beruf, doch wer soll das alles bloß schaffen? Sehen Sie, jetzt wissen Sie warum Lehrer zur äußerst belasteten Berufsgruppe gehören, weil sie einen derart hohen gesellschaftlichen Status genießen, dass sie ständig das Gefühl haben verkannte Genies zu sein, oder?

Lernen

Wußten Sie schon…

…dass wir zu einem lebenslangen Lernprozess verdammt sind? Wie, das wußten Sie noch nicht? Na, dann will ich Ihnen das mal erklären: Der Slogan der Sesamstraße ist hoch aktuell: „Wer nicht fragt, bleibt dumm“. Oder wie wäre es damit: Was Hänschen nicht lernt, lernt Hans nimmer mehr. Aber der Hammerspruch ist immer noch: Wer nichts wird, wird Wirt. Dabei leben wir doch in einer Lerngesellschaft. Niemand kann sich des Lernens entziehen. Alles entwickelt sich weiter und die Neuerungen avancieren stets zu einem integralen Bestandteil unseres Alltagslebens. Die besten Beispiele sind das Telefon, das Auto und heute das Internet. Wir sind praktisch gezwungen, alle Neuerungen zu erlernen, ob privat oder beruflich, ob wir wollen oder nicht. Das Neue ersetzt das Alte. Meine Großmutter pflegte in diesem Zusammenhang stets zu sagen: Man wird alt wie 'ne Kuh und lernt immer noch dazu. Wahrlich, wer der rasanten Entwicklung der permanenten Veränderungen nicht mitzuhalten in der Lage ist, hat schon verloren bevor es überhaupt begonnen hat, ganz nach dem Motto, nichts ist älter als die Zeitung bzw. der Computer von morgen. Sehen Sie, jetzt wissen Sie weshalb wir zu einem lebenslangen Lernprozess verdammt sind, weil der Mensch kein Entschleunigungs-Gen zum Innehalten hat, oder?

Lernfähigkeit

Wußten Sie schon…

…dass das, was Hans gelernt hat, Hänschen nimmermehr lernt? Wie, das wußten Sie noch nicht? Na, dann will ich Ihnen das mal erklären: Früher, da war alles viel… na ja, also, zumindest hing man der anachronistischen Ansicht nach, dass das, was Hänschen nicht lernt, Hans nimmermehr lernt. Einmal für doof gehalten, immer blöd geblieben – so dachte man zumindest. Und der Arme, den man für blöd verkauft hatte, der glaubte das dann auch noch schicksalsergeben. Doch Gott sei Dank wurde die veraltete Doofenansicht durch eine neue Dummenansicht abgelöst: Heutzutage ist man ja felsenfest der Überzeugung, dass das alte Wissen nicht mehr gebraucht wird und nur noch neues Wissen das Maß aller Dinge ist. Und wer heute nicht mehr dazu lernt, der gehört dann, wie früher, weiterhin zu den stigmatisieren Blöden, die keiner mehr braucht. Nicht mal mehr als Sündenböcke. Sehen Sie, jetzt wissen Sie warum Hänschen nimmermehr lernt, was Hans einstmals gelernt hat, denn wer heute nicht mehr weiß was früher gewusst wurde, der weiß auch nicht was man morgen wissen muss, oder?

Liebe

Wußten Sie schon…

…dass jeder Mensch unter Liebe etwas anderes versteht? Wie, das wußten Sie noch nicht? Na, dann will ich Ihnen das mal erklären: Es gibt Menschen, die glauben, die Liebe sei universell oder man könne die Liebe erst gar nicht erklären. Doch der Eine versteht unter Liebe Sex. Ein anderer wiederum meint damit Zusammengehörigkeit. Der Nächste will besitzen, ein Weiterer will Freiheit. Gläubige sprechen von Nächstenliebe oder Hingabe, „Ungläubige" von Macht und Geld. Manche sehen in der Liebe „den Weg", für nicht Wenige ist Liebe das Ziel. Ganz Verwegene sind der Meinung, Prügel sei Liebe, und noch Schlimmere gehen sogar davon aus, dass Liebe nur durch Liebesentzug oder Ablehnung erzwingbar sei. Dann gibt es die Vertreter der These, dass sich die Liebe bei Menschen, die einen anderen Menschen nicht lieben, schon im Laufe der Zeit von ganz alleine einstellen werde. Und ganz Verdrehte reden sogar davon, dass die Liebe nur rein platonisch funktioniere. So mancher kluge Kopf behauptet hingegen, Liebe sei eine Kunst oder einzig davon abhängig, wie viel man selbst bereit sei Liebe zu geben. Und dabei treffen wir noch auf Diejenigen, die in der Liebe ein Geschäft sehen oder sich vor unerfüllter Sehnsucht nach ihr an derselben verzehren. Zuletzt gibt es noch die Verrückten, die doch tatsächlich der irrigen Auffassung sind, Eifersucht sei ein Zeichen von Liebe, oder man müsse sich die Liebe erst verdienen. Schlussendlich ist noch anzumerken, dass die Liebesunfähigen unter uns bedauerlicherweise allein von der vereinsamten Hoffnung träumen, dass sie endlich und verdienend auch mal den richtigen Partner finden werden, der sie schon lieben werde. Sehen Sie, jetzt wissen Sie warum jeder Mensch etwas anderes unter Liebe versteht, weil die Menschen verlernt haben in dieser urvertraulichen Angelegenheit einzig auf ihr Herz zu hören, oder?

Liebesschrei

Wußten Sie schon...

...dass Leute, die lauthals nach Liebe schreien, sie selbst nicht in sich tragen? Wie, das wußten Sie noch nicht? Na, dann will ich Ihnen das mal erklären: Es heißt ja im Bibelbuch der Korinther, dass Liebe nicht eifert und sich nicht aufbläht. Aber wahrscheinlich kannten die Leute vor knapp 2000 Jahren noch kein Facebook. Dort platzt die Liebe nämlich aus allen Nähten und springt sogar nicht-registrierten Internetnutzern förmlich als Gischt und Galle ins Gesicht. Wer sich hier nicht zur Liebe bekennt, ist ein Verdammter. Hier wird die Liebe geradezu als Pflichtprogramm für Liebeshungrige zelebriert. Und wahrscheinlich war der Schreiberling des Korintherbriefes auch ziemlich einsam und hat sich nichts sehnlicher gewünscht, als dass seine Beiträge geliked, kommentiert und geteilt würden. Aber da war nichts. Und so bleib er ganz allein auf seiner Liebe sitzen, genauso wie die all die anderen auf Liebesentzug sitzenden bei Facebook. Sehen Sie, jetzt wissen Sie weshalb Leute, die lauthals nach Liebe schreien, sie selbst nicht in sich tragen, weil die Liebe nicht zu einem kommt, der sie permanent von anderen einfordert, oder?

Liebesverlust

Wußten Sie schon...

...dass Liebesverlust in der Beziehung die Chirurgie der Leidenschaft ist? Wie, das wußten Sie noch nicht? Na, dann will ich Ihnen das mal erklären: Leidenschaft ist ein Gefühl, das Leiden schafft. Wie im Positiven als auch im Negativen. Wir kennen das ja alle irgendwie: man ist frisch verliebt und man leidet, wenn der andere nicht da ist. Hier erfolgt der chirurgische Eingriff durch zwei Herzen. Das durch die Liebe vermengte Blut lässt sich dadurch jedoch nicht beeindrucken und hat eine enorme Kohäsionskraft. Wenn allerdings ein geliebter Mensch unter Liebesverlust leidet, wenn also die Liebe erlischt und ersetzt wird durch Leidenschaft, dann ist das ein chirurgischer Eingriff mitten durch das Herz – es verblutet entzweit im unendlichen Strom der Tränen, es vermengt sich das bittere Blut und schreit im Leiden der Glut, der Schmerz will sich winden und grämen. Alles was bleibt sind das Skalpell und die Leere. Sehen Sie, jetzt wissen Sie weshalb Liebesverlust in der Beziehung die Chirurgie der Leidenschaft ist, weil die Kohäsionskraft der Liebe mit Gewalt durch das gewetzte Messer seziert wurde, oder?

Meckerfritze

Wußten Sie schon…

…dass der Meckerfritze eine Bezeichnung für ein Lösungsmittel ist? Wie? Das wußten Sie noch nicht? Na, dann will ich Ihnen das mal erklären: Der gemeine Meckerfritze ist ja allseits bekannt als jemand der dadurch zu Ruhm und Ehre gelangt in dem er allem und jedem gegenüber mies gelaunt und besserwisserisch seine lösungsorientierten Weisheiten zum Besten gibt. Der Meckerfritze – der es irgendwie immer wieder schafft, hin und wieder Besitz von uns zu mehmen – ist demnach ein hervorragender Berater in Sachen Lösungen. Er ist der geborene Fachmann für Lösungen zu den Problembereichen der Gesellschaft und Politik, des Sports und sogar im Persönlichen. Sie merken schon: Wir nähern und der eigentlichen Problematik: Der Meckerfritze löst durch seine zersetzende Haltung nicht nur jede gute Laune auf, nein, er sorgt auch präventiv dafür, dass erst gar keine Freude aufkommt. Auf der Beziehungsebene dient der Meckerfritze als hervorragendes Lösungsmittel aller konstruktiven und liebevollen Anwandlungen unter den Liebenden oder unter Kollegen. Alle geistreichen Versuche des gesunden Menschenverstandes haben bisher als Gegenmittel gegen die verbitterten Lösungmittel des Meckerfritzen versagt.

Selbst die lösen sich nach einiger Zeit der erfolglosen Bekehrung bei allen hilflosen Zeitgenossen irgendwann einfach in Schall und Rauch auf. Sehen Sie, jetzt wissen Sie es: Wenn Sie einmal jemanden benötigen der alle guten Geister in Ihrer Umgebung verscheucht, dann suchen Sie sich am Besten einen Meckerfritzen – sein Lösungsmittel verflüchtigt unter Grantie alles blühende Leben, oder?

Meinung

Wußten Sie schon...

...dass die Meinung des Propheten auf Facebook nichts taugt? Wie, das wußten Sie noch nicht? Na, dann will ich Ihnen das mal erklären: Schaut man sich einmal die Plakate auf Facebook an, dann stellt man unweigerlich einen Tenor in der Gemeinde fest: Alle schreien danach, dass man sich eine eigene Meinung bilden solle: Geh deinen Weg, ungeachtet dessen was andere sagen; achte nicht darauf, was andere von dir denken; tu' was du liebst, und weise Ratschläge von dir; erkenne deinen Wert und wende dich von Wertelosen ab, lebe dein Leben (ohne Leben zu definieren); und so weiter und so fort. Bildet man sich dann einmal eine Meinung, die nicht dem Tenor der Mehrheit entspricht, dann werden diejenigen, die am lautesten nach der selbstbestimmten Meinung geschrien haben zu reißenden Bestien der Selbstjustiz und weisen dich in die Schranken, dass du doch so was nicht sagen darfst. Es ist seit Jahrtausenden dasselbe intolerante Bild: Es kann halt nicht sein was nicht sein darf. Facebook avanciert hier an manchen Stellen als Plattform unreflektierter Neurotiker. Sehen Sie, jetzt wissen Sie weshalb die Meinung des Propheten auf Facebook nichts taugt, weil hier Toleranz nur plakatiert und nicht gelebt wird, oder?

Meinung & Ahnung

Wußten Sie schon...

...dass wir zu allem eine Meinung, aber von vielem keine Ahnung haben? Wie, das wußten Sie noch nicht? Na, dann will ich Ihnen das mal erklären: Nun, „Homo Opinionus" steckt in der Regel seine Nase in alles und weiß immer etwas zu allem zu sagen. Es heißt ja bei den alten Lateinern: Nicht immer hat der, der große Reden schwingt, auch etwas zu sagen, aber wir sind hier allesamt der Ansicht, dass wir zu allem eine Meinung haben dürfen, ganz gleich, ob sie richtig ist, oder falsch, denn ein anderes Sprichwort besagt: Wahrheiten gibt es so viele, wie es Menschen gibt – und jede ist ebenso richtig, wie sie falsch ist. Aber Hauptsache, wir haben unseren Senf zu allem abgeben, in den andere dann wiederum ihre Nase hineinstecken dürfen. Also, hier kann man am lebenden Objekt leibhaftig studieren, wie der Allesbesserwisser so zu seiner Meinung kommt: Anscheinend kommt es lediglich auf den richtigen Riecher an, den man nur in den Wind halten muss, dann kommt schon das politisch korrekte dabei heraus. Sehen Sie, jetzt wissen Sie weshalb wir zu allem eine Meinung, aber von vielem keine Ahnung haben, weil wir seit 10000 Jahren lediglich unser Rückgrat zum Denken gebrauchen und den Ball auf dem Hals zum Spamen, oder?

Milliardäre

Wußten Sie schon…

…dass Milliardäre arme Würstchen sind? Wie das wussten Sie noch nicht? Na, dann will ich Ihnen das mal erklären: Wenn einer auszieht, um das große Geld zu verdienen, dann sei ihm das gegönnt. Denn wer reicht ist kann neben seiner ökonomischen auch noch zusätzlich gesellschaftliche Anerkennung erlangen, wenn er sich seiner sozialen Verantwortung ob seines wunderbaren Reichtums bewusst ist und echtes Sozialengagement zeigt. Doch die meisten schwerreichen Menschen sind bei genauerer Betrachtung ihrer Persönlichkeit blind vor Gier. Sie stehen in Universitätssälen und halten Vorträge über das Business und die damit verbundene soziale Verantwortung in der Gesellschaft während die aus der Hauptfirma ausgelagerten Subunternehmer, meistens Kleinunternehmer, im Dienste der Milliardärsfirma ohne Sozialversicherungen, mit Perspektivlosigkeit und unbezahlten Mehrkostenaufwand die niederen Tätigkeit unter widrigsten Umständen verrichten müssen. Doch die holden Geschäftsführer stehen da und reden davon, dass doch alle mit diesem Geschäftsmodell hochzufrieden seien. Dabei schauen sie auf Fotos und in Interviews zerknittert, mit zugekniffenen Augen und mit gepressten Lippen aus Ihrem Hochglanzanzügen, an dem alle

Rechtfertigungsanforderungen von außen elegant abperlen sollen. Wer sie dann so in derartiger psychomotorischer Abwehrhaltung dastehen sieht, kommt doch unweigerlich auf den Gedanken zu sagen: „Das ist doch eigentlich alles nur arme Würstchen". So, jetzt wissen Sie weshalb Milliardäre arme Würstchen sind, weil sie jeden Tag vorm Spiegel ihre guten Taten verleugnen müssen, oder?

Nachbarn

Wußten Sie schon…

…dass Nachbarn eigentlich verkappte Studienräte sind? Wie, das wußten Sie noch nicht? Na, dann will ich Ihnen das mal erklären: Ob Sie Nachts das Licht brennen lassen, wenn Ihnen etwas herunterfällt und zerberstet oder zu welchem Zeitpunkt Sie sich zum Schlafen betten, der liebe Nachbar bzw. die übertrieben nette Nachbarin weiß immer über Ihre Aktivitäten Bescheid und hat für Sie die entsprechenden Ratschläge in Petto. Bringen Sie einmal ihren Müll zur Tonne und werfen einen Fetzen Papier in den Biobehälter, Sie können mit an Sicherheit grenzender Wahrscheinlichkeit davon ausgehen, dass Ihr netter Nachbar bzw. ihre überfürsorgliche Nachbarin Sie bei nächster Gelegenheit mit allerlei gut gemeinter Pseudofachlichkeit zur Mülltrennung über Ihr Fehlverhalten aufklären wird. Bereits an dieser Stelle übereilt Sie das schleichende Gefühl der Kuriosität, dass die Nachbarschaft anscheinend alles über Sie weiß, während Sie bislang auf mysteriöse Weise nie auch nur eine Ahnung von Informationsbruchstücken über Ihre Nachbarn in Erfahrung bringen konnten. Man kann im Allgemeinen davon ausgehen, dass dies wohl in der Natur der Nachbarschaft begründet liegt, denn das Belehren ist die leidenschaftliche Wesenart des Nachbarn bzw. der Nachbarin welcher folgerichtig eine neurotische Neigung der zwanghaften Neugier an allem was ihn eigentlich nichts anzugehen hat vorausgeht. Sehen Sie, jetzt wissen Sie warum Nachbarn eigentlich verkappte Studienräte sind, weil auch sie wie die Oberlehrer liebend gerne und überall ihre Nase hineinstecken müssen, oder?

Nicht-Wissen

Wußten Sie schon…

…dass Nicht-Wissen nicht vor Strafe schützt? Wie, das wußten Sie noch nicht? Na, dann will ich Ihnen das mal erklären: Wer nach moderner Auffassung der Justiz nicht weiß, dass sein Handeln ein Straftatbestand darstellt, der fristet bereits sein Dasein im eigentlichen Sinne nicht gesetzeskonform. Also, nicht das Handeln ist dabei das eigentliche Kriminelle, sondern, dass man nicht weiß, dass man kriminell handelt, ist das grundlegende corpus delicti. Und Nicht-Wissen wird bestraft. Hieraus folgt: Handeln kann jeder, aber Nicht-Wissen darf nicht jeder. Denn Handeln aus Nicht-Wissen heraus ist analog damit zu vergleichen, als wenn jemand nicht weiß, dass er handelt. Nun, dass nicht gerade wenige Zeitgenossen unter uns verweilen, die nicht wissen was sie tun, spricht ja im Grund dafür, dass man Sie pädagogisch zu Bewusstheit führt. Aber stellen Sie sich einmal vor, alle wüssten was sie tun. Dann könnten ja alle handeln wie sie wollen und niemand würde mehr dafür zur Rechenschaft gezogen. Sehen Sie, jetzt wissen Sie, weshalb Nicht-Wissen nicht vor Strafe schützt, natürlich deshalb, damit der Kriminelle eben nicht so tun kann, als wisse er von nichts, oder?

Pädagogik

Wußten Sie schon…

…dass Pädagogik ziemlich leblos ist? Wie, das wußten Sie noch nicht? Na, dann will ich Ihnen das mal erklären: Pädagogik hat sich doch zum Ziel gesetzt, Menschen in ihrer Entwicklung zu unterstützen. Wenn dann die Hilfe konkret werden soll wie am Beispiel eines Kindes, das bei der Hilfeplanerstellung zur Unterbringung in einer Pflegefamilie mit seinen Wünschen, beispielsweise nach einer Umgebung mit viel Natur und Tieren, aufgrund bürokratischer Vorschriften nicht mit einbezogen wird, dann ist die Pädagogik nicht für das Kind da, sondern das Kind für die Pädagogik. An dieser Stelle müsste nun ein Aufschrei der Reformpädagogen erhallen. Aber der bleibt aus, weil die ganzen Reformer auch nur mit ihren ideologischen Kleinkriegereien gegen andersartige Methoden und Didaktiken beschäftigt sind anstatt sich mit den ernsthaften Problemen verwahrloster oder lernwilliger Kinder zu befassen. Und die Lehrer dieser Nation haben alle keinen Mumm in ihren geistigen Knochen, um gegen die von den verknöcherten Ämtern tagtäglich unseren armen Kindern qua Lehrpläne aufgezwungene menschenverachtende Leistungs- und Unterdrückungspädagogik anzugehen. Sehen Sie, jetzt wissen Sie warum Pädagogik ziemlich leblos ist, weil alle Lehrer und Eltern gleichermaßen stillschweigend mit der

systematischen Unterdrückung unserer Kinder einverstanden sind, oder?

Papas

Wußten Sie schon…

…dass Papas als zentrale Leitstelle für Kinderanfragen fungieren? Wie, das wußten Sie noch nicht? Na, dann will ich Ihnen das einmal erklären: Kinder sind von Natur aus sehr neugierig. Sie wollen immer alles wissen und vieles in Erfahrung bringen. Sie hängen sich überall herein und stellen permanent Fragen über Gott und die Welt. Wer ist nicht schon oft am 100sten „Warum?" so manches dreimalklugen Sprösslings verzweifelt! Also, das betrifft in diesem Zusammenhang zumindest die weibliche Gattung der Elternform, weil Papas bei den Kindern in Alltagsfragen aller Art als nicht ganz so kompetent im Kurs stehen. Das geht dann immer nach dem gleichen Muster ab: Mama, warum ist dies so und so? Mama, kann ich dies und jenes haben? Mama, wo ist denn dies oder das? Mama…? Wer…? Wie…? Wann…? Was…? Warum…? Wer nicht fragt, bleibt dumm! Doch die allerwichtigste zentrale Anlaufstelle für Kinderfragen ist letztlich immer noch der Papa, denn wenn Kinder den Papa alle Schaltjahre einmal etwas sehr Wichtiges fragen, dann handelt es sich um eine der zentralen (Über)Lebensfragen für Kinder überhaupt, und die lautet: „Papa! Wo ist die Mama?" Sehen Sie, jetzt wissen Sie, weshalb Papas als zentrale Leitstelle für Kinderanfragen fungieren, denn wenn Papas nicht wüssten, wo sich die Mama gerade aufhält, dann würden in Deutschland in Folge dessen irreparable Bildungslücken bei unserem Nachwuchs entstehen, oder?

Pendler

Wußten Sie schon…

…dass Pendler unter Gleichgewichtsstörungen leiden? Wie, das wußten Sie noch nicht? Na, dann will ich Ihnen das mal erklären: Berufspendler sind, wie der Name bereits anklingen lässt, Menschen, die ständig zwischen Wohnort und Arbeitsstelle hin- und herfahren. Das ist ja auf dem ersten Blick kein Novum, doch bei näherer Betrachtung fällt einem auf, dass es sich hierbei um einen physikalischen Vorgang der mechanischen Bewegung handelt. Also offensichtlich ein ziemlich unruhiger Vorgang. Mit anderen Worten: Die Leute schwingen. Genau, gar so als säßen sie auf einer Schaukel. Nun, das ist zwar nicht so ganz nachvollziehbar, zumal die meisten von ihnen morgens gar nicht so beschwingt zur Arbeit fahren wie das Wort einem Glauben machen will, dafür, glauben Sie mir, taumeln die Feierabendwesen umso mehr durch die Gegend. Kein Wunder: das Alltagsleben zentriert sich ja auch permanent um das Damoklesschwert fremdbestimmter Handlungen. Wie auch immer, Pendler vollziehen schwindelerregende Kreisbewegungen rund um die Sinnfindung ihrer eigenen Existenz. Das Problem ist nur, wer sich ständig im Kreis dreht, fällt irgendwann haltlos um. Die Rentenkasse freut es. Sehen Sie, jetzt wissen Sie weshalb Pendler unter Gleichgewichtsstörungen leiden, weil die Menschen ihre Wurzeln verloren haben, oder?

Politiker

Wußten Sie schon…

…dass Politiker Multitalente sind? Wie, das wußten Sie noch nicht? Na, dann will ich Ihnen das mal erklären: Während alle anderen Berufsgruppen entsprechend des Qualitätsmanagements und gemäß der Berufsbildungskriterien eine Ausbildung sowie ein dem jeweiligen Berufsbild entsprechendes Qualifikationsprofil inklusive einschlägiger Berufserfahrung vorweisen müssen, um eine ausgeschriebene Stelle besetzen zu können, dürfen Politiker, bei denen es sich in der Mehrzahl um promovierte Theoretiker handelt, so gut wie alle politischen Ressorts besetzen. Da können beispielsweise Juristen alias Politiker zunächst ohne einschlägige Vorbildung das Gesundheitsministerium herunterwirtschaften um anschließend als Wirtschaftsminister – ebenso ohne einschlägiges Bildungsprofil – die gesamte Wirtschaftselite des Landes zur Weißglut zu bringen. Oder aber sie demoralisieren die komplette Soziallandschaft als Sozialminister, um danach wie eine Wanderheuschrecke ohne Qualifikationshintergrund im Arbeitsministerium zu wüten. Es ist erstaunlich, dass es in den höchsten Etagen der Berufsriegen Menschen gibt, die artfremde Jobs verrichten dürfen, während selbst ausgebildete Pädagogen mit Doktorgrad keine Lehrer werden können, wenn sie über kein 2. Staatsexamen verfügen, obwohl sie vom

Bildungsgrad her höher ausgebildet sind als diplomierte Lehrer. Oder fachhochschulstudierte Ingenieure in der Fachrichtung Architektur dürfen sich nicht Architekten nennen, weil dies die bürokratischen Bestimmungen der Innung verbietet. Während das Land händeringend Facharbeiter sucht und das Qualitätsmanagement jegliche Profile bis ins Absurde differenzieren, dürfen sich Politiker als berufsfremde Multitalente verdingen und das Land sogar mit öffentlichen Mitteln fehlregieren. Sehen Sie, jetzt wissen Sie, dass Politiker Multitalente sind, weil sie die einzige Berufsgruppe darstellt, die ganz ohne Qualitätsmanagement ihre Verantwortungsbereiche entprofessionalisieren dürfen, oder?

Positives Denken

Wußten Sie schon...

...dass Positives Denken das Gleiche ist wie Negatives Denken, nur mit anderen Vorzeichen? Wie, das wußten Sie noch nicht? Na, dann will ich Ihnen das mal erklären: Im Großen und Ganzen sind wir alle ja ziemlich viel am Meckern, Jammern und Besserwissen. Und das Ganze verkaufen wir dann auch noch voller Überzeugung als Weltverbesserung. Also geben wir uns die Blöße und spamen die Welt zwanghaft mit unseren misanthropischen Weisheiten zu in der Hoffnung, dass uns das Schicksal doch endlich einmal gnädig sein möge und uns von allem Übel, das uns ständig zu Unrecht widerfahre, erlösen müsse. Und exakt in diesem Moment kommen die andersgepolten Weltverbesserer ins Spiel: die zwanghaften Philanthropen mit ihrem schönredenden Geist der Befreiung von allen negativen Zwängen, die uns mit ihrem Zweckoptimismus einzureden versuchen, wir seien doch alle gar nicht wirklich frei, wenn wir negativ denken und zwängen den Freiheitsgedanken ins ideologische Korsett mit der Bezeichnung Positives Denken. Sehen Sie, jetzt wissen Sie weshalb Positives Denken das Gleiche ist wie Negatives Denken, nur mit anderen Vorzeichen, weil der Kern der Gemeinsamkeit in der Inakzeptanz der jeweils anderen Geisteshaltung liegt, oder?

Pubertät

Wußten Sie schon…

…dass die Pubertät eine Erwachsenenkrankeit ist? Wie, das wußten Sie noch nicht? Na, dann will ich Ihnen das mal erklären: Im Grunde ist es ja so, dass wir alle da durch müssen: Wir bekommen Kinderkrankheiten, durchlaufen im Laufe unseres Wachstums Hormonschübe, kriegen Kinder – und mitten im Leben müssen wir dann auch noch durch die Erwachsenenkrankheit mit der Bezeichnung Pubertät. Darüber wundern wir Erwachsenen uns sehr, weil wir selbst irgendwie nicht mehr so recht einzuschätzen wissen, ob wir die nicht irgendwann vor vielen Jahren selbst einmal gehabt haben könnten. Macht nichts! Da können Sie ganz sorgenfrei und entspannt sein: Unsere jungendlichen Kinder erinnern uns dann irgendwann schon wieder daran. Denn deren Verhalten sorgt mit an hundert Prozent grenzender Wahrscheinlichkeit dafür, dass wir darauf unter Garantie mit Hitzewallungen, dicken Hälsen, Bluthoch-druck und Aversieallergien aller Art reagieren werden. Das eigentlich Kranke daran ist die Regression ins Infantile, mit der die Erwachsenen ebenso zickig reagieren wie ihre adoleszenten frühreifen Früchtchen. Während die kleinen Zicken gerne erwachsen werden wollen, fallen die großen Zicken zurück in prähistorische Emotionszustände und beide fahren wie zwei entgegenkommende Züge aneinander vorbei. Doch es besteht Hoffung, denn irgendwann tritt auch Heilung ein. Bis dahin ist dann aus dem Erwachsenen ein postpubertierender Rentner geworden und der ehemalige Teenie befindet sich dann bedauerlicherweise in der nachadolsezenten Präpubertät, die ihn dann irgendwann auch einmal die Rente beschehren wird. Sehen Sie, jetzt wissen Sie, dass die Pubertät zwar eine doppeltharte Krankenprüfung darstellt, doch am Ende hat sich jeder einmal ausgezickt, und das ganz ohne Pillen, oder?

Probleme

Wußten Sie schon…

…dass Probleme Kopfzerbrechen bereiten? Wie, das wußten Sie noch nicht? Na, dann will ich Ihnen das mal erklären: Wer sich den Kopf zerbricht hat meistens einen langen Leidensweg hinter sich bepackt mit einem Haufen Probleme am Hals. Dass das schwer wiegt und den Kopf leicht zerbrechen lässt, liegt nicht nur auf der Hand, sondern lässt einem auch erschaudern angesichts der Scherben, die beim Zerbrechen eines Kopfes entstehen. Und dann geht das Gezeter erst richtig los: Hat man mal ein Thema gefunden, über das man sich den Kopf zermartert, dann wähnen sich die Probleme erst in richtigen Händen und laufen zu Höchstformen auf. Sinnfindung mit Nebenwirkungen könnte man diesen Prozess der Selbstzerfleischung in der Psychologie bezeichnen. Und diese Probleme bereiten dann wiederum Kopfzerbrechen welche ihres Zeichens händereibend in Endlosgrübeleien einmünden. Sehen Sie, jetzt wissen Sie warum Probleme Kopfzerbrechen bereiten, weil die Kopflosigkeit der Menschen zu noch mehr Problemen führt, oder? Dabei ist das Leben doch viel zu schön, um sich über alles aufzuregen!

Rauchen

Wußten Sie schon…

…dass Rauchen gesünder ist als sein Ruf? Wie, das wußten Sie noch nicht? Na, dann will ich Ihnen das mal erklären: Wer heutzutage raucht, lebt gesünder als Passiv-Raucher. Diese Erkenntnis ist ja allgemein hinlänglich mit der Begründung untermauert, dass Passivrauchen gefährlicher sei, als das Rauchen selbst. Na, Gott sei Dank! Endlich haben wir in dieser raucherfeindlichen Welt eine Rechtfertigung für den Genuss des blauen Dunstes gefunden und wir können endlich diese hässlichen Moral-Etiketten umformulieren in: „Rauchen fördert die Gesundheit – Meiden Sie Passivrauchen!" Am besten bewirken Sie dies, indem Sie einfach mit dem Atmen aufhören, weil ja an allen Ecken und Enden Passivrauch durch Autos, Fabriken und Schornsteine entsteht. Oder aber Sie sorgen in Sinne eines Gesundheitsbewusstseins dafür, den Rauch aktiv einzuatmen, um auf diese Weise den Passivrauch zu vermeiden. Sehen Sie, jetzt wissen Sie, weshalb Rauchen gesünder ist als sein Ruf, denn wer früher stirbt, sorgt dafür, dass weniger Passivrauch entsteht, oder?

Religion

Wußten Sie schon…

…dass bei Religion der Spaß aufhört? Wie, das wußten Sie noch nicht? Na, dann will ich Ihnen das mal erklären: Wer das Wort Religion in den Mund nimmt, der erstarrt automatisch in Ehrfurcht. Also, zumindest scheint dies eine Erscheinung bei Menschen zu sein, die im Laufe ihres Lebens durch ein Loch in der hedonistischen Gehirnregion, in der Freude, Spaß und Leichtigkeit am Leben angesiedelt sind, alle hierfür zuständigen neuronalen Netze ausgelaufen und für alle Ewigkeit verloren gegangen zu sein scheinen. Keiner ist so bierernst wie Gläubige aller Religionen. Woran die wohl alle glauben? Möglicherweise an einen absolutistischen Gott der Ernsthaftigkeit mit der Bezeichnung Prof. Dr. Dr. H.C. Prügelpeitsch. Kein Wunder bei so viel Blut, das sich bis in die jüngsten Tage an religiösen Händen im Laufe der Geschichte der Menschheit angesammelt hat. Und dieses Blut der zwanghaften Ernsthaftigkeit wiegt so schwer, dass einem beim Thema Religion wirklich das Lachen im Halse stecken bleibt. Sehen Sie, jetzt wissen Sie, warum bei Religion der Spaß aufhört, weil alle Religionsstifter bei ihrem Missionierungseifer vergessen haben, den Menschen die Freude am Leben zu vermitteln, oder?

Scharfes Nachdenken

Wußten Sie schon...

...dass scharfes Nachdenken zu lustvollen Gedanken führt? Wie, das wußten Sie noch nicht? Na, dann will ich Ihnen das mal erklären: Nein, nein, nicht das was Sie denken! Das mag zwar schon ziemlich scharfsinnig sein, was Sie da lustbetont denken, aber haben Sie schon mal beim Sex scharf nachgedacht? Sie Armer! Und ich dachte immer bei der Lust und Liebe seien die Gedanken frei. Also, das muss ich hier mal in aller Schärfe sagen: Die Lage beim Denken verschärft sich immer dann, wenn die Sachlage haarscharf an einem vorbei geht. Also, was ich Ihnen damit einschärfen will ist, dass man einen Scharfblick benötigt, um überhaupt einen messerscharfen Gedanken fassen zu können. Da können Sie andere so lange scharf machen wie Sie wollen, wenn Sie nicht trennscharf zwischen Denken und Lust unterscheiden können, verlieren Sie zwangsläufig an Sehschärfe. Und wehe, Ihre Geistesschärfe vermengt sich mit der Schärfe Ihrer Lust, dann hilft auch kein Nachschärfen mehr und die ganze Scharfmacherei ist dahin. So, jetzt wissen Sie, weshalb scharfes Nachdenken zu lustvollen Gedanken führt, weil, wenn die Verstandesschärfe auf der Tiefenschärfeskala exakt mit dem Wert sechs deckungsgleich ist, dann ist man kaum noch zu bändigen, oder?

Schlecht drauf

Wußten Sie schon...

...dass Sie nicht gut drauf sind, wenn Sie schlecht drauf sind? Wie, das wußten Sie noch nicht? Na, dann will ich Ihnen das mal erklären: Geht es Innen nicht gut? Tragen mal wieder alle anderen daran schuld, dass Sie eine absolut miese Grundstimmung gegenüber Ihrer Umwelt präsentieren? Na, dann willkommen im Club der Miesepeter, Schwarzmaler und selbstbemitleidenden Opfer. Also, die Schuld immer bei anderen zu suchen ist ein kreativer Prozess der Selbstzerstörung – das freut vor allem eben genau diejenigen, die Sie stets dafür verantwortlich zeichnen, wie übel es Ihnen geht. Und was macht es mit Ihnen? Da schleichen sich in diese Stimmung ganz tieffurchende Sorgenfalten in Ihr Gesicht, die Haut wird ganz fahl und schlaff und hängt herunter wie Ihr Mundwinkel, der am liebsten die Gasse sorgenfrei kehren möchte vor Gram, Ihre Augen verlieren an Glanz und blicken in eine so düstere Zukunft, dass Ihr Ausdruck der perfekte Pinsel für jegliche Schwarzmalerei ist, um alles Lebendige und jegliche Hoffnung auf Besserung zu übertünchen. Am Ende bleiben Leidensgenossen Ihre besten Freunde, die Ihnen irrsinnigerweise dazu raten, sich am besten zu verkriechen und sich niemandem mehr anzuvertrauen, damit Sie nicht mehr

durch andere so leicht verletz werden können.
Sehen Sie, jetzt wissen Sie weshalb Sie nicht
gut drauf sind, wenn Sie schlecht drauf sind,
weil die besten Rezepte für die Zerstörung
des Selbstbewusstseins immer noch die Ver-
teilung antiquierter Schuldfragen sind, oder?

Schnattern

Wußten Sie schon…

…dass die am Morgen Schnarchenden am Abend schnattern? Wie, das wußten Sie noch nicht? Na, dann will ich Ihnen das mal erklären: Die Weisheit „der frühe Vogel fängt den Wurm" hat für die meisten Menschen keine Bedeutung. Wenn Sie sich einmal morgens in einen vollbesetzten Pendelzug mit berufstätigen Pendlern setzen, dann kommen Sie in den einmaligen Genuss, einem einzigartigen himmlischen Konzert voller müder Schnarchsäcke und Grunzbacken lauschen zu dürfen. Entsprechend der sich frei in den Äther ausbreitenden improvisatorisch-harmonischen Tonlagen können Sie sich auf einer Sägewelle meditativ dahingleiten lassen. Wenn Sie nun von der Annahme ausgehen, dies alles sei ein nach dem Zufallsprinzip geregeltes Arrangement, dann sind Sie auf dem Holzweg, denn dieses kollektiv systematische Verhalten unterliegt einer wohlüberlegten sowie von langer Hand geplanten Methode und dient einem einzigen Ziel: Nämlich der Vorbereitung eines weiteren einzigartigen Schauspiels, vornehmlich dem abendlichen Schnatterkonzert einer aufgeregten Masse. Hier geraten Sie in ein erlebnisbezogenes Event, welches Seinesgleichen sucht. Die Menschenmasse sitzt allabendlich im hoffnungslos überfüllten Zug und schnattert aufgeregt und laut über ihre Kollegenwelt. Da wird geschimpft und gemeckert, gejammert und besserwisserisch angegeben, gelästert und diffamiert was das Zeugs hält. Doof sind immer die anderen, der blöde Kollege, der unfähige Chef oder die leidlichen Umstände. Die Masse zeigt alltäglich in äußerst eindrucksvoller Weise wie unglücklich sich ihre einzelnen Mitglieder eigentlich in ihrem Leben fühlen. Sehen Sie, jetzt wissen Sie warum die am Morgen Schnarchenden am Abend schnattern, weil die Masse jeden Morgen wütend an dem Ast sägt, über den sie jeden Abend so leidenschaftlich lästert, oder?

Schönheit

Wußten Sie schon…

…dass Schönheit nicht vor Intelligenz schützt? Wie, das wußten Sie noch nicht? Na, dann will ich Ihnen das mal erklären: Wer intelligent sein will muss schön sein. Das ist keine Binsenweisheit, sondern, das sind harte wissenschaftliche Fakten. Sozialforscher haben nämlich festgestellt, dass man schöne Menschen für wesentlich intelligenter hält als weniger schöne Menschen. Schön blöd, kann ich da nur sagen, denn im Umkehrschluss kann das leider nicht bestätigt werden, oder warum wurde Albert Einstein nie zum Mister Universum gewählt? Und was mich wirklich wundert an der ganzen Angelegenheit ist die Tatsache, dass es Heidi Klum bislang nie geschafft hat, die universelle Weltenformel von Stephen Hawking weiter zu entwickeln! Hm, vielleicht gibt es da ja auch gar keine wirkliche Korrelation zwischen Intelligenz und Ästhetik. Vielleicht ja doch: Gar eine ästhetische Intelligenz oder womöglich eine intelligente Ästhetik – man könnte auch sagen: Intellistetik oder Ästhelligenz. Sehen Sie, jetzt wissen Sie warum Schönheit nicht vor Intelligenz schützt, weil beides irgendwie nicht so recht zusammenpassen mag, da Intelligenz besticht und Schönheit blendet, oder?

Sein und Schein

Wußten Sie schon...

...dass nichts ist, wie es scheint? Wie, das wußten Sie noch nicht? Na, dann will ich Ihnen das mal erklären: Kogito ergo sum – ich denke, also bin ich. So scheint es zumindest auf den ersten Blick. Doch wer ist schon wie er ist? Es scheint so als gebe es uns in vielen unterschiedlichen Erscheinungsformen, mal freundlich, mal verletzend, mal liebevoll, mal wütend, mal sinnerfüllt oder scheinheilig, mal Himmel hoch jauchzend und zu Tode betrübt, doch stets verstellt je nach Situation. Bei Vielem gilt dann scheinbar die sagenumwobene Weisheit: "Mehr Schein als Sein". In diesem Sinne ist beim schnöden Mammon der Schein bereits systemimmanent, denn hier bestimmt vor allem die Menge der Scheine das Sein und Politiker sind bloß zum Schein Sein. Schein oder Sein, das ist hier also die Frage. Da scheint es Leute zu geben, denen erscheint eine Erscheinung, andere wiederum sind ganz unscheinbar, manche tragen einen Heiligenschein, etliche erscheinen im Scheinwerferlicht und hin und wieder entstehen auch Scheinehen. Ergo, der Volksmund behauptet: Nur Kinder und Narren erscheinen wie sie sind. Sehen Sie, jetzt wissen Sie warum nichts ist wie es scheint, weil der ewige Kampf zwischen Lüge und Wahrheit dafür Sorge trägt, dass alles nur zu sein scheint, wie es ist, oder?

Staatliche Gängelei

Wußten Sie schon…

…dass staatliche Gängelei zu bürgerlicher Freude führt? Wie, das wußten Sie noch nicht? Na, dann will ich Ihnen das mal erklären: Staatliche Gängelei ist in etwa mit der göttlichen Fürsorge gegenüber seinen Schöpfungskreaturen zu vergleichen. Gott ist überall, der Staat auch. Das führt sogar so weit, dass der Staat sich bemüßigt fühlt, seine Untergebenen mit vielerlei sinnloser Gesetze, Verordnungen und Bestimmungen wie beispielsweise die Sommerzeitumstellung, das Kindervorsorgeuntersuchungsgesetz oder die Organspendebenachrichtungsverordnung, GEZ, Impfpflicht uvm. zu traktieren gar in der Hoffnung, für uns Rechtschaffene etwas Gutes zu tun. Papi traut halt seinen Kindern einfach nichts zu, also bestimmt er kurzum was gut ist für andere – armer Konstruktivismus. Derweil der Bürger nur noch kopfschüttelnd darüber sinniert ob es sich noch lohnt, solche Schwachköpfe zu wählen. Sehen Sie, jetzt wissen Sie warum die staatliche Gängelei zu bürgerlicher Freude führt, weil sie als freie und mündige Menschen immer weniger eigene Entscheidungen treffen müssen, oder?

Steuersünder

Wußten Sie schon…

…dass Steuersünder nichts zu Lachen haben? Wie, das wußten Sie noch nicht? Na, dann will ich Ihnen das mal erklären: Legen Sie sich ruhig einmal eine Schwarzgeldkasse in ihrer Firma an und füllen diese mit veruntreuten Geldern. Das macht erstens Spaß und ist zudem äußerst lukrativ – zumindest im über fünfstelligen Bereich. Nehmen Sie anschließend diese Kasse und legen Sie das im Schweiße Ihres Angesichts angehäufte Geld in einer Schweizer Bank Ihres Vertrauens an, um das Schwarzgeld am deutschen Fiskus vorbei zu schleusen. Bis jetzt hatten Sie nichts zu Lachen, weil Sie immer befürchten mussten, irgendwie erwischt zu werden. Wenn Sie anschließend aufgrund aus heiterem Himmel auftauchender dubioser Steuersünder-CDs dann vom Staat angeschrieben werden, um Ihre Steuersünden zu bezahlen, dann dürfen Sie endlich aufatmen und sich wieder entspannt zurücklehnen. Denn schließlich gibt es ja wohlüberlegte und durchdachte Gesetze, die Steuersünder im Großformat mit einer Kavaliersstrafe belegen, damit sie weiterhin anonym, im großen Stile sowie gesetzlich legitimiert den Staat und somit seine Bürger bescheißen dürfen. Während der Kleine und hart arbeitende Mann um jeden Euro ringt, verfolgt ihn das Finanzamt mit horenden

Geld- und Gefängnisstrafen wenn er auch nur vergessen hat, eine Minieinnahme beim Steuerbescheid anzugeben – da ist der Deutsche Staat dann gnadenlos in der Umsetzung seiner Gesetze. Sehen Sie, jetzt wissen Sie weshalb Steuersünder nichts zu Lachen haben, weil der Herr vor dem Freikauf der Sünden den Schweiß gesetzt hat, oder?

Teuerungsraten

Wußten Sie schon…

…dass einem bei diesen Teuerungsraten das Lachen vergeht? Wie, das wußten Sie noch nicht? Na, dann will ich Ihnen das mal erklären: Wenn Sie einkaufen gehen, dann haben Sie bestimmt vorher voller Freude einen Einkaufszettel geschrieben. Denn schließlich wollen Sie ja während des Einkaufs an all die wunderbaren Dinge denken, die Sie vorhaben einzukaufen. Mit einem Einkaufszettel einkaufen zu gehen bereitet Ihnen dabei gewiss große Freude, weil Sie sich mit einem Lächeln auf den Lippen sicher sein können, nichts zu vergessen. Das ist wirklich sehr schön und entspannt das Einkaufengehen ungemein. Wenn da nicht diese eine delikate Sache, nämlich die mit der leidlichen Teuerungsrate wäre. Ja, die Teuerungsrate dient im Grunde – wie der Einkaufszettel auch – lediglich der Erinnerung daran, dass Einkaufen heutzutage keine Freude mehr macht. Ob der unendlichen Kette von horrenden Preiserhöhungen auf alles Lebenswichtige, schlendern Sie durch den Supermarkt und stellen fest, dass dieser elende Einkaufszettel mit diesen unbezahlbaren Notwendigkeiten eine Kette von Frustrationen und Wutausbrüchen in ihnen weckt während Ihnen bereits nach einer halben Minute des Einkaufs das Lachen längst schon vergangen ist. Sehen Sie, jetzt wissen Sie weshalb einem bei den hiesigen

Teuerungsraten das Lachen vergeht, weil einem das Unverständnis darüber doch glatt im Halse stecken bleibt, oder?

Tierliebe Fleischesser

Wußten Sie schon...

...dass Fleischesser tierlieb sind? Wie, das wußten Sie noch nicht? Na, dann will ich Ihnen das mal erklären: In der Natur wird Tierliebe praxisnah, ökologisch und ökonomisch sinnvoll vorgelebt: Die Tiere haben sich untereinander hierarchisch ganz besonders lieb: Der Stärkere frisst den Schwächeren, weil er eben ganz rational triebhaft tierlieb ist. Was auch sonst? Am Ende bleibt der Tierbestand immer ausgeglichen. Menschen sind ja bekanntermaßen dem Schwein somatisch sehr ähnlich, sie verhalten sich ähnlich wie vom abstammenden Affen und tragen ja auch sonst noch die wesentlichen Instinkte und Triebe aus dem Tierreich in sich. Deshalb ist es auch legitim, dass Menschen tierlieb sind: Sie haben Tiere sogar so lieb, dass sie sich diese via kulturellem Ritualismus einverleiben in Wurst verpackt, scheibchenweise fürs Brot, auf den Spieß gezogen, damit es archaisch nach Jagdtrieb aussieht, als Braten verarbeitet, um zumindest den Anschein von wilder Ganzheitlichkeit zu wahren und als Grillgut sich ins Reich des Neolithikum zu versetzen. Sehen Sie, jetzt wissen Sie warum Fleischesser tierlieb sind, weil sie sich Haustiere halten, um sich ständig daran erinnern zu müssen, dass sie Tiere doch eigentlich zum Fressen gerne haben, oder?

Unwetter

Wußten Sie schon…

…dass es sich bei dem Begriff Unwetter um Regen ohne Tropfen handelt? Wie, das wußten Sie noch nicht? Na, dann will ich Ihnen das mal erklären: Die unerschrockenen Wetterfrösche erfinden unermüdlich neue superlativ geprägte Unworte, um uns ungutes Wetter auf unlangweilige und drastisch dramatische Weise zu unterbreiten. Denn „es regnet" klingt irgendwie unspektakulär, unwichtig, ja, unwitzigerweise ziemlich uncool, in etwa so, als wolle man sich dafür entschuldigen, dass die Tropfen untrocken sind. Das will aus lauter Uninteresse niemand wissen. Also muss ein dramaturgischer Hinhörer her: Jeder noch so wetterunvorgebildet Unwissende weiß doch inzwischen, dass bei Regen nicht nur Wassertropfen vom Himmel fallen, sondern, dass es sich hierbei um ein unwetterartiges Gewitter handelt, bei dem unvorhergesehene Blitze unberechenbar in unwegsames Gelände preschen, bei dem es unweigerlich krachen muss, dass oberkrasse Unfälle unvorhergesehen passieren können, Autos unaerodynamisch sowie ungeordnet durch die Lüfte fliegen und Menschen bei all dem katastrophalen Unheil nicht unversehrt bleiben. Beim Wetter handelt es sich nicht mehr schlicht und ergreifend um ein Naturereignis, welches man erleben oder gar als lebendig erfahrbar genießen kann, nein, es ist ein unpositives Megaevent mit unschlagbar sensationsgarantiertem Unterhaltungswert zur Bedienung unniveauvoller Instinkte. Sehen Sie, jetzt wissen Sie, dass es sich bei einem Unwetter um einen Regen ohne Tropfen handelt, da es hierbei gar nicht mehr vordergründig um die Naturerfahrung, sondern vielmehr um eine geschürte Informationsgier mit garantiertem Sensationseffekt geht – unfassbar, oder?

Unzufriedenheit

Wußten Sie schon…

…dass die meisten Menschen unzufrieden sind? Wie, das wußten Sie noch nicht? Na, dann will ich Ihnen das mal erklären: Welchen Gesprächen Sie auch immer lauschen mögen: Die Leute sind äußerst unzufrieden mit ihrem Lebenszustand und mit dem der Anderen. Es wird geklagt, gejammert, gemeckert, gelästert, schlecht geredet und alles diffamiert was nicht ins Lebenskonzept passt. Da ist der Job, der zu wenig Geld bringt. Da ist die Nachbarschaft, die immer nur stört. Da sind die Kinder, die ständig nerven. Da sind die Politiker, die allesamt inkompetent sind. Da sind die Krankheiten, die einen penetrant schmerzen. Da ist der Partner, der einen ewig nicht versteht. Da sind die Sozialschmarotzer, denen es eh besser geht als einem selbst. Da ist das Auto, dass ständig kaputt geht. Da ist der PC, der sich dauernd aufhängt. Da sind die Tankstellen, die einen nur abzocken. Da ist das Wochenende, das immer zu kurz ist. Da ist die Bahn, die nie pünktlich ist. Da sind die Lebenshaltungskosten, die sich keiner mehr leisten kann. Da ist die Familie, dessen Mitglieder man sich nicht aussuchen kann. Da ist das Wetter, das nie so ist wie vorhergesagt und an allem schuld ist. Da ist das Spiegelbild, dem man so ungern begegnet, weil es nur noch schlecht drauf ist. Sehen Sie, jetzt wissen Sie warum die meisten Menschen

unzufrieden sind, weil sie keinen Frieden in ihrem Herzen tragen, oder?

Verstehen

Wußten Sie schon…

…dass wir uns alle eigentlich gar nicht verstehen? Wie, das wußten Sie noch nicht? Na, dann will ich Ihnen das mal erklären: Sagen Sie mal zu einem Hund "aus". Was meinen Sie, wie schnell der mit etwas aufhört. Sagen Sie mal zu einem Menschen "hör' bitte auf damit!" Wenn er nicht gerade gestrickt ist wie ein Hund, dann spult sich unweigerlich ein Feuerwerk des folgenden Katzenjammers ab: Wieso, weshalb, warum, aber ich…, aber du…, Müllers Esel, der bist du! Ja, und du, die dumme Kuh! Und schon haben wir den Salat, den kein Hund mehr anrührt – und 'ne Katze schon mal gar nicht. Jeder hängt verletzt in seinem Kokon, niemand schaut heraus, alle lecken sich die Wunden, die Gemeinsamkeit: entschwunden. Meist verhilft zu deren Glücke, eine Sprachbarrierenbrücke. Doch wahrlich, ich sage euch: Die sind sich viel zu fein, die emotionalen Krücken, um sich kognitiv zu beugen, oder gar zu bücken. Dabei könnte es entzücken, wie ein Schmetterling zu flattern, müsste man dem Stolz entrücken, um gemeinschaftlich zu schnattern und zusammen auch zu gackern. Denn die Schnatterlei und Gackerei, ist der Sprache hier ganz einerlei, dort verstehen sich die Schäflein, ganz tief unten aber auch weit oben. So, ihr liebe Leutchen fein, mit dem Reden, das lasst sein, denn das Hören ist nicht das, das was Worte

sinnlich scheinen. Sehen Sie, jetzt wissen Sie
warum wir uns alle gar nicht verstehen, weil
Sprache, Worte und gar Floskeln den Gefüh-
len doch nur Flügel leihen, oder?

Virus

Wußten Sie schon...

...dass es Viren gibt, die einen komplett verdummen? Wie, das wußten Sie noch nicht?
Na, dann will ich Ihnen das mal erklären: Es
gibt ja Leute, die wollen einen für dumm verkaufen. Also, ich denke da ja an so manche
Politiker, Journalisten und Pharmalobbyisten.
Aber wenn man sich diese Gattung von Sug-
gestivjunkies einmal genauer unter die Lupe
nimmt, dann stellt man fest, dass sie ja eigentlich infiziert sind: infiziert von einem Virus namens WIVECA. Dieser Virus ist so gemeinge-
fährlich, dass man sich vor ihm kaum retten
kann, weil all die vermeintlichen Wichtigtuer
aus der VIP-Lounge, die sich diesen Virus
eingefangen haben, es förmlich siechend in
die Weltgeschichte hinausschreien: „Wir Ver-
arschen EuCh Alle". Und wir klatschen voller
Agonie unserer eigenen Lenkbarkeit durch
die kranken oberen 10000 hinterher. Sehen
Sie, jetzt wissen Sie warum es Viren gibt, die
einen komplett verdummen, weil sie wissen
wie man massenweise das selbstbestimmte
Bewusstsein lahmlegt, oder?

Volleulen

Wußten Sie schon...

...dass Volleulen ziemlich viel rumheulen? Wie, das wußten Sie noch nicht? Na, dann will ich Ihnen das mal erklären: Die Empfindlichkeit des Menschen liegt ja bekanntermaßen in seiner Fähigkeit, alles Unangenehme zu verdrängen, also ins Reich der Vergesslichkeit abschieben zu wollen. Aber wie das nun mal so ist mit den Dingen, die da an einem zerren und nagen, wollen alle Unannehmlichkeiten an vorderster Front mitkämpfen, um ihre Aufmerksamkeit zu nähren: „Hallo! Beachte mich! Ich will keine Kellerleiche sein! Ich brauche Entfaltung, um zu überleben!" So das geisterartige Motto von Problemen. Und damit das Ganze in seiner Erträglichkeit etwas besser flutscht, muss man ein wenig die quälenden Gedanken ölen und einfach mit einem allseits bewährten Lösungsmittel schmieren. Das ist ganz einfach und geht einem nach einer Weile ganz leicht von der Hand die Kehle runter. Und schon kommt man sich so leicht vor, dass einem erst die Klarheit im Kopfe herumschwirrt und anschließend immer schwerer im Magen liegt. Warum auch nicht? Wer will denn schon ständig vor einem Berg voller Sorgen stehen, wenn er elegant darüber hinweg zu schweben im Stande sein kann?! Da macht die Klarspülung doch gleich richtig Sinn, denn einen zu heben, bringt viel Kummersegen. Sehen Sie, jetzt wissen Sie warum

Volleulen ziemlich viel rumheulen, weil sie sich in ihrer Lebensbeschwerde vor einem Leben in Erleichterung scheuen, oder?

Vorfahren

Wußten Sie schon…

…dass die Nachfahren ohne Vorfahren sich leicht verfahren? Wie, das wußten Sie noch nicht? Na, dann will ich Ihnen das mal erklären: Die Sinngebung eines Vorfahren liegt ja bekanntermaßen darin begründet, dass dieser als Vorfahrender dem Nachfahren die Richtung vorgibt. Der Nachfahre erhält somit für seinen Weg eine richtungsweisende Orientierung durch den Vorfahren. Und dieses Procedere kennen Sie gewiss aus Ihrer Lebenspraxis: Ihr Kind ahmt Sie in irgendetwas nach oder Sie haben gewisse Verhaltensweisen Ihrer Eltern übernommen. Auf diese Art funktioniert ja grundsätzlich die Weitergabe von Wissen und Können: Der Ältere zeigt dem Jüngeren wie es geht und dieser macht es dann nach. Doch was machen eigentlich die Nachfahren, wenn der Vorfahre durch Ableben oder durch Beziehungsbruch oder im Berufsleben durch vorzeitige Entlassung wegen Überalterung mit 50 Jahren wegfällt? Dann gibt es ja augenscheinlich keine Orientierung mehr für den Nachfahrenden. Also müsste sich ja nun der Nachfahre ohne Vorfahre leicht verfahren. Soweit die These. Doch nun die Praxis. Erst fährt der Vorfahre vor und der Nachfahre nach. Nach einiger Zeit sind beide gleich auf. Und zuletzt überholt der Nachfahre sogar den Vorfahre, so dass der Nachfahre nun Vorfahrender und der Vorfahre nun

Nachfahrender ist. Und manchmal ist der dann vorfahrende Nachfahre sogar Kraft Reproduktion selbst Vorfahre, der irgendwann dann auch einmal von seinem Nachfahren überholt wird. Sehen Sie, jetzt wissen Sie warum die Nachfahren ohne Vorfahren sich leicht verfahren, weil sich bei genauerer Betrachtung eigentlich alles via Wiederholung ständig nur im Kreis herumdreht und man durch den Drehwurm leicht aus der Bahn geraten kann, oder?

Vorsätze

Wußten Sie schon...

...dass euphorische Vorsätze meistens apathische Nachsätze mit sich bringen? Wie, das wußten Sie noch nicht? Na, dann will ich Ihnen das mal erklären: Früher hat man gesagt: Erst denken, dann handeln. Diese schwarze Weisheit hatte vordergründig den Hintergrund besseren Wissens. Besserwisserei hat immer Hochkonjunktur: Erst das Vorurteil vehement zum Ausdruck bringen und dann mit aller Gewalt abwehren, dass wider besseres Wissen nur der Bestand sich nicht wandelt. Dabei wissen wir doch alle ganz genau: Nur der Wandel ist beständig. Und so ist das auch mit Vorsätzen: Sie sind die einzigen Phänomene, die sich mit vordergründigen Aussagen hartnäckig ins Hintertreffen der Umsetzung manövrieren. Hier hat sich in unserem illustren Kulturkreis die Devise in unseren Hirnwindungen offensichtlich in folgender Weise irreversibel eingeprägt: Was man vorher einmal gesagt hat, darf man auch nachher wieder zurücknehmen, getreu nach dem Motto: Erst schwach anfangen, dann stark nachlassen. Sehen Sie, jetzt wissen Sie, weshalb euphorische Vorsätze meistens apathische Nachsätze mit sich bringen, weil sich vorgesagte Nachsätze entsprechend des Kausalitätsprinzips ebenso reziprok zu nachgesagten Vorsätzen verhalten wie die Tatsache, dass sich in der Regel sowieso kein

Mensch nachhaltig an seine Vorsätze hält, o-
der?

Was wäre, wenn

Wußten Sie schon...

...dass das was wäre, das hätte sein sollen was ist? Wie, das wußten Sie noch nicht? Na, dann will ich Ihnen das mal erklären: Wenn das Wörtchen „Wenn" nicht wäre, dann... Tja, dann. Dann wäre wahrscheinlich das, was ist nicht, das was man nicht wollte, sondern das, was eigentlich hätte sein sollen, was sein würde, wenn eingetreten wäre, was man am liebsten wollte. Ok, ich gebe zu, das ist schon ein starkes Stück Tobak und ein Gordischer Gedankenknoten obendrein. Aber bei genauerer Betrachtung der Windungen dieser Irrungen, die hier entstehen, ist es doch im Grund genommen genauso, wie es eigentlich nicht hätte sein sollen: Nämlich, anders herum. Ganz einfach: Wenn wir etwas wollen, dann setzen wir das in der Regel um. Und wenn dann das Gewollte erreicht ist, dann fangen wir an kompliziert zu werden, in dem wir das Ganze dann relativieren mit der Behauptung: Aber, was wäre, wenn es anders gekommen wäre? Konkret sieht das dann in etwa so aus: „Schatz, heute ist ein wunderbarer Tag!" „Ja, Schatz, wenn nicht wieder dies und jenes dazwischen kommt..." Aaaaarrrrrgggggg! Sehen Sie, jetzt wissen Sie weshalb das das was wäre, das hätte sein sollen was ist, weil wir die manisch-depressive Eigenschaft in unserer existenziellen Widersprüchlichkeit in uns

tragen, aus jeder Freudenbotschaft eine Lei-
chenrede hätte machen zu können, oder?

Weihnachten

Wußten Sie schon...

...dass an Weihnachten das Christkind kommt? Wie, das wußten Sie noch nicht? Na, dann will ich Ihnen das mal erklären: „Jingle bells, jingle bells..." und als Jesus von Nazareth geboren wurde verbreitete sich die Kunde vom Gotteswunder in Windeseile über den Globus bis ins Land der unbegrenzten Möglichkeiten. Diese Leute witterten darin das Geschäft ihres Lebens, so dass sich die Heiligen drei Weihnachtsmänner von Amiland im Auftrag des Präsidenten auf den Weg gen Osten begaben, um dem Christkind die Aufwartung zu machen. Sie brachten Coca-Cola, Hamburger und Lametta mit zum Zeichen der Anerkennung und zum Dank der Überlassung des Weihnachtspatentes. Die Eltern von Jesus rochen den amerikanischen Traum und unterzeichneten den Abtretungsvertrag mitsamt aller Rechte am Weihnachtsritus und überließen somit das Spektakel den Weihnachtsmännern in ihren künstlichen roten Mänteln und falschen weißen Bärten. Seitdem strichen Sie in Heuschreckenmanier einen religiösen Ritus nach dem anderen ein, so z. B. obendrein noch das Nikolausfest, bei dem sie seit langem schon den Heiligen St. Nikolaus von Myra ebenfalls durch den Weihnachtsmann ersetzt hatten. Nun fehlt nur noch, dass der Osterhase, der sich ebenso nach langem Machtkampf mit Jesus einstmals durchgesetzt hatte, durch den Ostermann alias Weihnachtsmann ersetzt wird. Sehen Sie, jetzt wissen Sie warum an Weihnachten das Christkind kommt, weil der Weihnachtsmann nach 1931 Jahren die definitive Reinkarnation von Jesus Christus ist, oder?

Weihnachtsmann

Wußten Sie schon…

…dass Weihnachten mit Ostermann wie Ostern ohne Weihnachtshase ist? Wie, dass wußten Sie noch nicht? Na, dann will ich Ihnen das mal erklären: Es ist doch jedes Jahr das Gleiche: Erst veräppelt der Coca-Cola-Weihnachtsmann das Kind in der Grippe und dann führt der Milka-Hase den Gekreuzigten an der Nase herum. Grandios! Wir haben es tatsächlich geschafft, durch die Kreation von Pop-Art-Figuren das christliche Gedankengut abzulösen. Und natürlich sind wir alle religiös emanzipiert und projizieren Gott in alles hinein: Gott in den Pflanzen, Gott in den Tieren, Jesus im Osterhasen und Christus im Weihnachtsmann. Religion in unserer Postmoderne avanciert allmählich zu Beliebigkeit und dient dem Gros der Menge nicht mehr als Fels in der Brandung. Der Weihnachtsmann ist niemand, dem man seine Sorgen anvertraut, der will nur seine Geschenke loswerden – so wie Coca-Cola eben sein Gesöff. Der Osterhase ist aufgrund seiner Flüchtigkeit auch nicht gerade ein vertrauenswürdiges Wesen, der sich ja gewissermaßen durch den Verkauf von Eiern aller Art legitimiert. Weihnachtshase und Ostermann sind beide traurige Figuren einer auf Austauschbarkeit basierenden Gesellschaftskultur. Nur die staunenden Augen der Kinder, die sind echt – beim Christkind allerdings winken sie mittlerweile gelangweilt ab. Sehen Sie, jetzt wissen Sie weshalb Weihnachten mit Ostermann wie Ostern ohne Weihnachtshase ist, denn das ist nämlich so, als wenn Ostern und Weihnachten auf einen Tag fällt, oder?

Weniger

Wußten Sie schon...

...dass weniger mehr ist und umgekehrt? Wie, das wußten Sie noch nicht? Na, dann will ich Ihnen das mal erklären: Für viele Menschen ist wenig bereits viel mehr als sie der Meinung sind, zu verdienen und umgekehrt gibt es Leute, für die ist viel noch so wenig, dass Sie den Hals nicht voll genug bekommen können. Dabei ist allgemeinhin weniger genauso viel wie mehr beziehungsweise mehr gleichviel wie wenig. Zumindest in der Betrachtung der Wertigkeit, denn wer viel haben will, der soll ruhig auch viel bekommen und wer weniger mag, dem sei Bescheidenheit beschert. Hin und wieder ist es auch sinnvoll bei einer überflüssigen Gier Wasser in den Wein zu schütten, damit auch ein kleines Tröpfchen für denjenigen übrig bleibt, der viel will, aber immer nur wenig bekommt. Verteilungskampf auf hohem Niveau, nennt man so etwas elaboriert, oder Gerechtigkeit. Sehen Sie, jetzt wissen Sie warum weniger mehr ist und umgekehrt, weil, ganz gleich, wie viel Sie auch immer im Leben haben werden, es ist stets exakt die Menge, die Sie am Ende nicht haben werden, oder?

Windows

Wußten Sie schon...

...dass WINDOWS das Synonym für Suizidgefährdung ist? Wie, das wußten Sie noch nicht? Na, dann will ich Ihnen das mal erklären: Wer aus einem Fenster schaut, kann viele schöne Dinge sehen, heißt es im Volksmund. Doch weit gefehlt, denn wer heutzutage ins WINDOWS hineinschaut, wird unmittelbar in seinen Bann gezogen. Zum Leidwesen der Betroffenen und zur Mitleidenschaft aller Zuschauer. Warum? Ja, das fragen wir Fenstergucker von WINDOWS uns auch ständig, wenn hier ein Fenster nach dem anderen dauernd zusammenbricht. Hat man gerade noch die Daten via Tastatur so schön durchs Fenster gejagt, merkt man bei offenem Fenster, dass es zieht, eiskalt zieht, und bevor man noch das Fenster schließen kann ist es auch schon eingefroren. Da steht man dann vor seinen eingefrorenen Fenstern und kann sie nicht bewegen und nicht schließen. Starr vor innerlich aufschäumender und brodelnd heißer Wut, glotzt man wie erstarrt auf die flimmernden Fenster, die Hand zur Faust geballt und... Tja, wer zu tief ins Glas schaut, der muss schon mal mit Überraschungen rechnen. Sehen Sie, jetzt wissen Sie weshalb WINDOWS ein Synonym für Suizidgefährdung ist, weil sich das Betriebssystem ständig aufhängt und man sich dann am liebsten auch

gleich mit aus dem Fenster stürzen möchte,
oder?

Zeit

Wußten Sie schon…

…dass Zeit relativ ist? Wie, das wußten Sie noch nicht? Na, dann will ich Ihnen das mal erklären: Sie gehören doch sicherlich auch zu denjenigen Menschen die ständig von sich behaupten, keine Zeit zu haben. In diesem Fall wären Sie im Grunde ein zeitloser Mensch, denn wer keine Zeit hat, der ist die Zeit los. So, und nun versuchen Sie einmal verlorene Zeit wieder einzuholen. Das ist reiner Zeitvertreib, bei dem Sie wieder keine Zeit haben für andere Zeitweiligkeiten. Ganz gleich ob die Zeichen der Zeit auf Zeitersparnis stehen oder zeitraubend sind, Sie werden zeitlebens das Gefühl nicht los, dass einmal die Zeit rasend schnell vorbeigeht und ein anderes Mal sich die Zeit zieht wie Kaugummi. Und nun? Wie hätten Sie es gerne: kurz- oder langweilig? In dem einen Fall offenbart sich das Zeitige wie Sand, der Ihnen durch die Finger rinnt und im anderen Fall, auch. Wie auch immer, Zeit hat man nicht, Zeit nimmt man sich – vor allem zum Leben! Sehen Sie, jetzt wissen Sie weshalb Zeit relativ ist, weil eines Tages die Zeitspanne, die vor einem liegt, kürzer sein wird als diejenige, die hinter einem liegt, oder?

Zertifizierung

Wußten Sie schon…

…dass ein Leben ohne Zertifizierung bald unmöglich sein wird? Wie, das wußten Sie noch nicht? Na, dann will ich Ihnen das mal erklären: Management beeinflusst unser Leben nachhaltig. Ohne Management läuft nichts mehr, weder im Privaten noch im Beruflichen. Qualitätsmanagement heißt in diesem Fall das Zauberwort für einen Prozess des Controllings, bei dem jeder Daseinsschritt eruiert, geplant, beobachtet, reflektiert, evaluiert, verifiziert bzw. validiert wird und gegebenenfalls auch noch revidiert. Am Ende erhält man eine Daseinsberechtigung für Tun, ergo eine Zertifizierung von einer staatlich anerkannten Zertifizierungsstelle, die die Erlaubnis erteilt das zu tun was man seit je her auch ohne Zertifizierung getan hatte. Zertifiziert werden mittlerweile alle Vorgänge im Handwerk, in der Industrie, in der Landwirtschaft, in der Ernährung, bei Dienstleistungen wie Beratung oder Bildung. Zuletzt müssen wir uns in unserer QM-Wut noch das Leben selbst zertifizieren lassen, analog der Patentierung von menschlichen Stammzellen. Die Frage ist nur: Wer zertifiziert die Zertifizierer? Sehen Sie, jetzt wissen Sie weshalb ein Leben ohne Zertifizierung bald unmöglich sein wird, weil es nicht sein darf, dass der Mensch sich frei entwickeln soll, oder?

Zwang

Wußten Sie schon…

…dass das Leben ohne Zwang gar nicht lebenswert wäre? Wie, das wußten Sie noch nicht? Na, dann will ich Ihnen das mal erklären: Nehmen wir einmal an, der Mensch hätte keinen Magen und würde funktionieren wie ein Perpetuum Mobile. Die unweigerliche Folge wäre doch, dass wir nicht mehr essen müssten und somit nicht mehr dem Zwang unterlägen, arbeiten zu müssen – zumindest nicht mehr für Andere und für sich selbst nur noch aus Hobby nach reiner Lust und Laune. Bei oberflächlicher Betrachtung erscheint einem dieser Gedanke ziemlich verlockend: Sonne, Strand, Cocktail, Hängematte und Muse ohne Ende. Doch halt! Wenn wir uns diesen Vorgang einmal genauer unter die Lupe nehmen, würden wir ziemlich rasch feststellen, dass das Ganze schon ziemlich öde wäre: Kein meckernder Chef, keine mobbenden Kollegen, keine Berufspendelei, nichts mehr zu lästern, kein Grund mehr sich über irgendetwas zu echauffieren, kein Geld mehr am Ende des Monats zu verprassen, keine Lust mehr auf gar nichts, keine Freude mehr auf Urlaub mit Sonne, Strand, Cocktail oder Hängematte, nur noch Abgeschlafftheit und Spannungslosigkeit überall, jederzeit und ohne Ende, peace all over the world. Gähn! Sehen Sie, jetzt wissen Sie warum das Leben ohne Zwang gar nicht lebenswert wäre, weil

wir Menschen nicht nur entwicklungstech-
nisch veröden würden ohne den Zwang übereinander herrschen oder uns unterordnen zu
müssen, oder?

EPILOG

Lächelnd einschlafen

Wußten Sie schon…

…dass man am Ende seines Lebens lächend einschläft? Wie, das wußten Sie noch nicht? Na, dann will ich Ihnen das mal erklären. Was meinen Sie, warum wir alle so eine große Klappe haben, alles besser wissen, uns alles einverleiben, uns über alles und jeden erheben und uns so ungerne die Blöße geben? Na, ganz einfach: Wir alle haben Angst vor dem Sterben. Wir haben alle so derart die Hosen gestrichen voll bei dem Gedanken, vor unserem Schöpfer zu stehen und all unsere Ängste, Nöte, Sorgen und schuldhaften Verhaltensweisen gespiegelt zu bekommen. Im Grunde genommen fühlen wir uns klein und hilflos. Also bauen wir uns lieber Mauern der Arroganz, Ignoranz und Pessimimus um uns herum auf, nur damit kein Licht der Liebe uns hinein scheinen kann und uns unsere wirkliche Stellung im Universum als schöngeistiges Wesen gewahr werden lassen würde. Aber, aber, wer wird denn hier verzweifeln in Angesicht des Todes? Es gibt Versöhnung, meine Damen und Herren, denn die Schöpfung hatte nie Böses im Sinn mit uns – wird sie auch nie haben. Denn sie hat uns das Lächeln mit auf unseren Lebensweg gegeben. Und ganz gleich, ob du es genutzt hast oder nicht, es wird uns auf unserem Ster-bensweg begleiten, mit dem am Ende sogar

der Gang vor den himmlischen Spiegel ein
Kinderspiel sein wird, oder?

Über den Autor

Wußten Sie schon, dass Ralf-Peter Nungäßer 1964 als einziger Sohn der kaufmännischen Angestellten Annerose Nungäßer, geborene Döllefeld, und des Aufzugmonteurs Hans-Peter Nungäßer, in Frankfurt am Main geboren wurde? Nein, das wußten Sie nicht? Dann will ich Ihnen das mal Erklären: Nach seiner Aufzucht, der Lehre, Zivildienst, Abitur und den Studien der Mathematik, Sozialpädagogik, Erziehungswissenschaften und Philosophie begab er sich in die beruflichen Gesellenjahre als Pädagoge. Der Doktorand der Kulturwissenschaften an der FernUniversität Hagen ist leidenschaftlicher Familienmanager, Pädagoge und Autor von Fachbüchern, Fernlehrgangscurricula, Blogs und unveröffentlichten Manuskripten. Am Ende stand er da und sagte in Goethes Manier: „Da steh ich nun, ich armer Tor, und bin so klug als wie zuvor." Also packte er kurzerhand seine Sachen, zog von dannen und gemeinsam mit seiner Frau und ihren fünf Kindern lebt er nun in Portugal und sucht nach der absoluten Freiheit – falls die zu finden ist, oder?

Bibliografische Information der Deutschen Nationalbibliothek:
Die Deutsche Nationalbibliothek verzeichnet diese Publikation in der Deutschen Nationalbibliografie; detaillierte bibliografische Daten sind im Internet über http://dnb.dnb.de abrufbar.

Herstellung und Verlag: BoD – Books on Demand, Norderstedt

ISBN: 978-3-7494-6633-7

FSC
www.fsc.org
MIX
Papier aus ver-
antwortungsvollen
Quellen
Paper from
responsible sources
FSC® C105338